JN066242

岡山発！
地域学校協働の実践と協創的教員養成

「社会に開かれた教育課程」の実現に向けて

熊谷愼之輔 編著

福村出版

巻頭言

協創的な教員養成で進む「教育の循環」

　小・中学校で全面実施された新学習指導要領が、本年度からは高校において年次進行で実施されています。その中では、子どもたちの「生きる力」を育むために、「主体的・対話的で深い学び」の視点から、「何を学ぶか」だけでなく、「どのように学ぶか」も重視されており、岡山県においてもこうした観点に立った授業改善が進められています。

　これは、子どもたちの将来生きていく時代が、生産年齢人口の減少やグローバル化の進展、絶え間ない技術革新等によって、「予測が困難な時代」になっていくことを念頭においたものであり、それに伴い、これまでの「蓄えた知識の量とそれを正確に再生する力」が重視された時代から、「情報の意味を理解しながら、他者との協働を通して、新しい解や『納得解』を生み出していく力」が求められる時代に変わりつつあることを示しています。つまり、コンテンツベースの資質・能力のみならず、コンピテンシーベースの資質・能力の育成もあわせて求められているわけです。

　その実現のためには、各教科の授業で、基礎基本となる知識・技能や教科固有の見方・考え方をしっかりと身につけるとともに、それが実社会において生きて働く力となるよう、「総合的な学習（探究）の時間」等を活用し、横断的・総合的な学習を行うことを通して、自己のあり方や生き方を考えながら、よりよく課題を発見し解決していくための資質・能力を養っていかなければなりません。

　岡山県教育委員会では、一人ひとりの子どもが、自分の中で「夢」を育みな

がら、それに挑戦していく経験を通して、「意欲」や「自信」などの「自分を高める力」を養う「夢育（ゆめいく）」を推進していますが、その中で課題解決型学習（Project Based Learning：PBL）にも積極的に取り組んでいます。そこでは、「個別最適な学び」を進めていくため、子どもたちの興味・関心やキャリア形成の方向性等に応じた「学習の個性化」に対応した学習活動を進めていく必要があります。そのために、各学校では、学校の中だけでなく、地域の多様な人々と「よりよい学校教育を通じてよりよい社会を創る」という目標を共有し、連携・協働しながら、新しい時代に求められる資質・能力を子どもたちに育む「社会に開かれた教育課程」を実現していくことが必要となっており、本県でもそれを目指した様々な取組が進められています。

　そして、こうした活動を支える教員には、地域の実情を把握し理解したうえで、多様な人々と連携・協働しながら、子どもたち一人ひとりの主体的な学びを引き出し、支援する伴走者としての能力が、これまで以上に求められるようになっています。

　このように考えるならば、教員は赴任した地域において多様な人々とのつながりをしっかりと築いていく必要があるわけですが、本県では、教員の居住地が県南に偏っているため、初任の教員を県北に配置しても、数年で県南に帰ってしまうという課題がありました。こうした現状を改善し、県北にしっかりと根を張り、地域と連携・協働しながら、自らの郷土愛を熱く語ることができる教員を増やす必要があると考え、岡山県教育委員会では、2016（平成28）年度実施の教員採用試験から、小・中学校教諭と養護教諭の採用選考に県北への配置を前提とした「地域枠」を設けました。

　また、岡山大学教育学部では、2018（平成30）年度から「岡山県北地域教育プログラム」がスタートし、県北の教育課題に対応し、多様な人々とつながりながら地域社会に貢献できる教員を、県北の市町村教育委員会との連携・協働のもと、学生自らが決定した県北のホームタウンでの地域密着型の実践的な学びを通して養成するという画期的な取組がはじまりました。

　この結果、県北の高校出身者を中心に、県北で教員になりたいという熱い思

いを持った学生がこのプログラムで学び、やがて県北の学校を支える教員と
なって帰ってくるという持続可能な「教育の循環」が、本県にできあがりつつ
あります。こうした協創的な教員養成の環境で育ってきた若い教員が、やがて
本県の「社会に開かれた教育課程」実現の大きな力になっていくものと、私は
大きく夢を膨らませています。

岡山県教育委員会教育長

鍵本芳明

目　次

序　章

地域学校協働による
「社会に開かれた教育課程」の実現と協創的な教員養成

熊谷愼之輔●岡山大学学術研究院教育学域

1.「社会に開かれた教育課程」の実現に向けたポイント

　「社会に開かれた教育課程」は、2017（平成29）年に公示された学習指導要領における肝心 要 の理念である。この新学習指導要領の前文には、以下のように「社会に開かれた教育課程」の実現を目指すことの重要性が示されている。

　「教育課程を通して、これからの時代に求められる教育を実現していくためには、よりよい学校教育を通してよりよい社会を創るという理念を学校と社会とが共有し、それぞれの学校において、必要な学習内容をどのように学び、どのような資質・能力を身に付けられるようにするのかを教育課程において明確にしながら、社会との連携及び協働によりその実現を図っていくという、社会に開かれた教育課程の実現が重要となる」（傍点筆者）

　これをみると、「社会に開かれた教育課程」の実現に向け、学校と社会（地域社会）が取り組むべきポイントとして、「①理念の共有」、「②教育課程における明確化」、「③連携・協働」をあげることができる（金子，2018）。このポイントの中で、「協働」はともかく、③の地域との「連携」に取り組んでいない学校など存在しないといってもよいだろう。それだけ、学校支援ボランティアを中心にした地域との連携は、現在の学校経営にとって必須なものになってきている。

　ただし、厳密にいえば、連携とは「自分たちがもともとやっていることを変えずに協力関係をもつ」ことである（志水，2005）。こうした連携を推し進め、学校（教職員）・家庭（保護者）・地域（地域住民）の「共同作業によって新しい人間関係や教育的活動をつくっていくことを通じて、お互いが変わっていく」（志

水，2005）という側面が重視される協働、すなわち地域学校協働にまで高めるには、大人同士がチームで熟議（熟慮と議論）できる場の確保が大きな鍵を握っている。その場として最適なのが、学校運営協議会といえる。だからこそ、学校運営協議会を設置したコミュニティ・スクールは、地域とともにある学校づくり、さらには「社会に開かれた教育課程」の実現を目指すうえで有効なツールと位置づけられるのである。

2. 「社会に開かれた教育課程」を実現するツールとしてのコミュニティ・スクールに潜む問題点

　設置の努力義務化によるコミュニティ・スクールの進展により、①の「学校と社会が理念を共有する」というポイントについても理解が進み、成果を上げつつある。とくに、「目指す子ども像」や「身につけさせたい力」といったビジョンについては、学校運営協議会等においてワークショップを取り入れて、学校・家庭・地域の間で共有化を図る取組が進んできている。その一方で、コミュニティ・スクールの導入については、「うちの学校は、大勢の学校支援ボランティアに来てもらって、地域連携を十分に行っているので、もうすでにコミュニティ・スクールみたいなものであり、あらためてコミュニティ・スクールを導入する必要はない」との声もしばしば耳にする。しかし、浅口市立寄島小学校の安田校長（当時）が警鐘を鳴らしているように、「学校支援ボランティアが来てくれて、地域の方と連携している学校がコミュニティ・スクールとイコールであるというのは間違い」である（安田，2021）。安田校長曰く、コミュニティ・スクールとは、「学校運営協議会が設置され、教育課程の充実や改善、学習指導や生徒指導の課題対応、学校の行事や学習への地域の参画など、地域の力を活かした学校運営に取り組む学校」のことであり、「学校運営協議会は学校の課題解決のためにある」。

　このようにみると、学校を取り巻く様々な教育課題を地域との連携・協働によって解決するためにコミュニティ・スクールを導入するという意識を持つことが大切だといえる。ただし、繰り返しになるが、コミュニティ・スクールは

あくまでツールであって、導入すれば課題が解決され、「社会に開かれた教育課程」が実現できるわけではない。先ほどの学校と社会が取り組むべきポイントに引きつけていうと、たしかに、コミュニティ・スクールの導入によって①と③のポイントは取り組まれ、充実してきている。それに比べて、②の「教育課程における明確化」は不十分であり、この点が「社会に開かれた教育課程」の実現を妨げていると思われる。しかも、先にあげた学習指導要領の文章における冒頭で「教育課程を通して」を際立たせているにもかかわらず、地域学校協働活動の実態は、学校支援活動と放課後・土日における教育課程外の活動といった、いわば「学校の二の丸や外堀における取組」が中心となっている（熊谷・志々田・佐々木・天野，2021）。これでは、「教育課程を通して」や「教育課程における明確化」というポイントが等閑視され、"よりよい学校教育を通じてよりよい社会を創る"という「社会に開かれた教育課程」の理念を実現することができないだろう。その理念の実現に資するためには、学校の「本丸」ともいえる教育課程を地域学校協働によって地域社会に開いている先駆的な実践事例を取り上げ、その成果と課題を考察していくことが重要だと考えられる。

3．本書の企図と特徴

　そこで、本書は、「社会に開かれた教育課程」の実現に資する地域学校協働の実践とそれを促す協創的な教員養成[1]について、実践的なアプローチから考察を試みようと企画したものである。もう少しいうと、「社会に開かれた教育課程」を実現していくには、「教育課程（カリキュラム・マネジメント）」・「地域学校協働（コミュニティ・スクール等）」・「教員養成」を横串に通して考察することが必要かつ有効であると本書は捉えており、この点が特徴にもなっている。こうした企図や特徴を持った本書の構成として、前半（第1部）では「社会に開かれた教育課程」の実現に資する地域学校協働の実践、とりわけ岡山県の教育委員会や小中高・特別支援学校における実践事例を取り上げ、紹介・分析していく。

1　協創的な教員養成には学校・教育委員会・大学といった異なる組織同士が、「協働しながら新たな教員養成を創造」していくという意味がこめられている。

ただ、こうした実践を進めていくためには、教員の力が不可欠であり、地域学校協働について理解し、「社会に開かれた教育課程」を推進できる力を持った教員をいかに養成していくかが、次なる重要課題として浮かび上がってくる。

そのため、後半（第2部）では、2018（平成30）年度から導入された岡山大学の「岡山県北地域教育プログラム」による協創的な教員養成を取り上げる。本プログラムは、学校・教育委員会・大学が主体となり、ともに育てていく「協創的教員養成」の理念のもと、岡山県北地域の学校現場と地域に対応し、地域学校協働の観点から学校と地域を活性化するために、学校教育を取り巻く多様な人々との連携・協働を通して地域社会に貢献していくことができる教員、授業実践に引きつけていうなら「社会に開かれた教育課程」の実現に資する教員の養成を目指して、導入されたものである。第2部では、本プログラムの構想と理念、プログラムの概要、学生の学びや育ち等について、4年間の実践をもとに分析・考察していく。最後に、「社会に開かれた教育課程」の実現に資する地域学校協働の実践を持続可能性のあるものにしていくには、第1部の実践が行われる学校と地域、さらには教員養成の中心となる第2部の岡山大学とを、本プログラムを介して架橋していくことが重要になる。終章では、そのことについて考察し、本書のまとめとしたい。

本書が、「社会に開かれた教育課程」の実現に資する地域学校協働、さらには教員養成のあり方について考える一助となれば望外の幸せである。

● 引用文献 ●

金子一彦（2018）．「社会に開かれた教育課程」を実現する教育委員会との連携の在り方．貝ノ瀬滋（監修），稲井達也・伊東　哲・吉田和夫（編）「社会に開かれた教育課程」を実現する学校づくり 具体化のためのテーマ別実践事例 15（pp.12-15）　学事出版.

熊谷愼之輔・志々田まなみ・佐々木保孝・天野かおり（2021）．地域学校協働のデザインとマネジメント —— コミュニティ・スクールと地域学校協働本部による学びあい・育ちあい ——　学文社.

志水宏吉（2005）．学力を育てる　岩波新書.

安田隆人（2021）．Action（アクション）*19*　岡山教育事務所.

第1部

岡山県における「社会に開かれた教育課程」の
実現に資する地域学校協働の実践

1-1

【岡山県教育庁生涯学習課】
おかやま子ども応援事業
「地域と学校の連携・協働に向けた取組」

竹林京子●岡山県教育庁生涯学習課

1．事業の概要

　岡山県では、2011（平成23）年度からはじまった国の補助事業「学校・家庭・地域の連携による教育支援活動促進事業」を活用し、岡山市と倉敷市を除く県内の自治体を対象に、学校教育支援[1]、放課後・土曜日等支援、家庭教育支援の取組を有機的に組み合わせ、家庭生活から学校生活までを見通し、地域ぐるみで子どもを育てる体制整備として「おかやま子ども応援事業」を立ち上げ、3つの教育支援活動の拡充を進めてきた。

　この11年間で「放課後子ども教室」はほぼ横ばいであるが、「地域学校協働本部（旧：学校支援地域本部）」と「家庭教育支援」は4倍近く拡大した（**図1-1**）。

　2015（平成27）年12月に中央教育審議会答申「新しい時代の教育や地方創生の実現に向けた学校と地域の連携・協働の在り方と今後の推進方策について」において、「地域学校協働活動」を積極的に推進していくことが示されたことで、「おかやま子ども応援事業」でも、これまでの組織体制を基盤とした「地域学校協働本部」（**図1-2**）を整備し、幅広い地域住民や団体等の参画を得て、緩やかなネットワークを形成しながら、子どもを核とした地域づくりを推進していくこととなる。

1　岡山県では、2008（平成20）年度からはじまった国の「学校支援地域本部事業」を進め、学校教育支援活動に取り組んできた背景がある。全県での実績は、初年度は9市町村31学校園、2010（平成22）年度は19市町村69学校園であった。

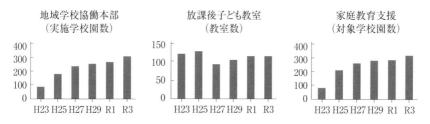

図 1-1　「おかやま子ども応援事業」の取組状況の推移（岡山市、倉敷市を除く）

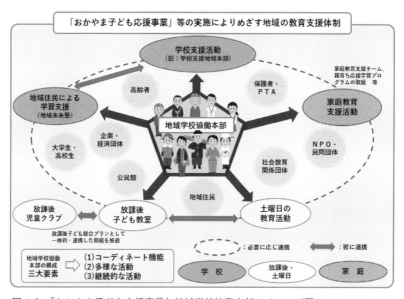

図 1-2　「おかやま子ども応援事業」地域学校協働本部のイメージ図

2. 地域と学校の連携・協働に向けた取組

(1) 地域連携担当教職員の配置

　地域と学校の連携・協働を進めるうえで、地域側だけでなく学校側の組織的な体制整備も必要なことから、岡山県では 2012（平成 24）年度から全国に先駆けて、県内全ての公立小中学校、県立学校に地域への窓口となる「地域連携担当」を校務分掌に位置づけ、地域連携担当教職員を対象とした研修ならびに

社会教育主事講習の受講促進を図っている。

(2) 地域学校協働活動に関する研修会

　2017（平成29）年、社会教育法が改正され、教育委員会は地域学校協働活動の要となる地域人材として地域学校協働活動推進員（以下「推進員」という）を委嘱できることとなった。委嘱が進む中、推進員に求められる役割や能力は大きく、資質向上を目的とした研修は大変重要となっている。

　岡山県では、地域学校協働活動の意義や役割といった基礎的な知識はもちろんのこと、学校との「連携・協働」の具体的なイメージを持てるように、推進員と地域連携担当教職員との合同研修の場を設け、情報交換や熟議体験を通して、地域と学校の相互理解を図っている。

　また、幅広い地域住民に地域学校協働活動について関心を持ってほしいと考え、2021（令和3）年度に実施した「ひとづくり・まちづくりフォーラム」は、企業や学生、PTAなどが参画することで、今までにない交流が生まれた。緩やかなネットワークを築く有効な手段としても期待が膨らむ研修となった。詳細は、この後のコラムで紹介することとする。

(3) 学校と地域の連携・協働のためのガイドブック

　また、前掲の答申が示す、「支援」から「連携・協働」への転換を進めるために、2019（平成31）年に「学校と地域の連携・協働のための教職員ガイドブック」（改訂版）を作成し、地域連携担当教職員の研修等で活用を図っている。ガイドブックの主な内容は次のとおりである。
　・学校と地域との連携・協働の意義と効果
　・「地域連携担当教職員」と「地域学校協働活動推進員」の役割と職務
　・学校と地域との連携・協働の進め方
　・教職員の心得、学校支援ボランティアの心得、お役立ちシート集
　ガイドブックでは、「地域みんなで子どもの未来を考えるワークショップの進め方（例）」を紹介し、連携・協働の要となる「熟議」とも呼ばれる「多様

な主体（当事者）で行う協働を目指した対話」の普及を行っている。

(4)　おかやま子ども応援人材バンク

　地域の人材をはじめ、公民館等の社会教育施設、NPO 等の民間団体、企業、大学等、地域には様々な教育資源があり、学校や子どもに対して、その教育力を発揮できる環境を整えることは大切であるが、教育資源は地域によって差がある。そこで、岡山県生涯学習センター内に「おかやま子ども応援人材バンク」を設置し、学校のニーズに応じて登録情報を紹介できるようにした。同センターに配置されている学習相談員が学校と登録団体とのマッチングを行うことで、効率的な運用を図っている（図1-3）。

(5)　地域と学校の連携・協働推進プロジェクトチーム

　国は、2017（平成29）年度から学校運営協議会の設置を努力義務とし、コミュニティ・スクールと地域学校協働活動の一体的な推進によって、「社会に開かれた教育課程」を実現していく方針を示している。

　そこで、岡山県教育委員会では、2021（令和3）年度、「地域と学校の連携・

図1-3　「おかやま子ども応援人材バンク」の仕組み

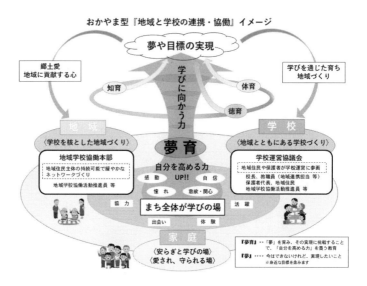

図 1-4　おかやま型「地域と学校の連携・協働」イメージ図

協働推進プロジェクトチーム」を設置し、教育庁 6 課室と教育事務所が連携して、市町村立学校および県立学校へのコミュニティ・スクールの導入促進を進めている。生涯学習課が事務局を務め、各課室が実施する事業等について情報共有や意見交換を行い、岡山県が目指す「夢育」[2]の充実とあわせて協議を重ねている。

　プロジェクトチームで協議した主なものは次のとおりである。

・地域と学校の連携・協働体制の構築を進めるリーフレットの作成

・おかやま型「地域と学校の連携・協働」イメージ（図 1-4）

・地域連携担当教職員研修の充実

・他県から聞き取った事例の活用

・「夢育」推進のイメージ、「夢育アドバイザー」の活用

2　夢育とは、「夢」を育み、その実現に挑戦することで、「自分を高める力」を養う教育のこと。ここでいう「夢」とは、「今はできないけれど、実現したいこと」を指し、人生の目標となる大きな夢だけでなく、「今すぐやってみよう」と思い、挑戦する身近な目標も「夢」と位置づける（「第 3 次岡山県教育振興基本計画」）。

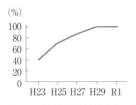

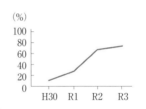

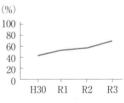

図 1-5　地域学校協働本部の設置等を行う中学校区の割合

図 1-6　地域学校協働活動推進員を委嘱する市町村の割合

図 1-7　学校運営協議会の設置を行う市町村の割合

　プロジェクトチームの成果としてはこれからであるが、引き続き、各課室の強みや得意分野を共有し、横の連携を強め、「夢育」を進めていきたい。

3. 成果と課題

(1) 成果

　「おかやま子ども応援事業」は、県内のほぼ全ての市町村で活用され、地域側の体制整備の基盤として、地域学校協働本部の設置が早くから進み、地域学校協働本部の設置等をしている中学校区の割合は、2017（平成29）年度に100%に達した。地域学校協働活動推進員の委嘱を行っている市町村も年々増え、今や推進員や地域コーディネーター等が地域側の窓口として、地域と学校をつなぐ重要な役割であると認識されている。また、学校運営協議会の設置率も徐々に伸び、地域学校協働活動との一体的推進に向けての体制整備が進みつつある（図 1-5、図 1-6、図 1-7）。

(2) 課題

(a)「連携・協働」への転換

　「連携・協働」へといわれても、学校も地域も「学校支援」という関係からなかなか抜け出せない現状がある。教員は教育のプロという誇りと責任があり、これまで積み重ねてきた教育課程や授業スタイルを簡単には崩せない。地域学習や登下校の見守り、学校行事などへの支援は頼めても、それ以上はためらわれる。一方、地域も同じで、子どもたちの教育について主体性を求められても、

これまで学校任せだっただけに戸惑うのは当然である。

　「連携・協働」の関係を築くには、学校も地域もその立場から離れて、一人の大人として目の前の子どもたちの将来を思いながら、当事者意識を持って、今できることを考え、ともに熟議し、少しずつ実行していくことを繰り返す中で、お互いに信頼性や有用性を実感することが大切である。そのためにも全ての学校で地域と対話する場を確保していきたい。

(b)　地域人材の育成

　地域の人材不足は以前から問題となっている。若者や現役世代も含めて多くの住民が地域活動へ参画し、地域のつながりの中で地域課題を解決していく機運を醸成することは喫緊の課題である。子どもたちをよりよい社会づくりに積極的に貢献する人間に育てたいならば、地域のために生き生きと活躍する大人を増やすことを疎かにできない。つまり、当然のことだが、子どもたちの未来の鍵を社会教育行政も握っていることを忘れず、その責任をしっかり果たしていかなくてはならない。

(c)　社会と教室をつなぐ

　私事で恐縮だが、学校を離れ、社会教育行政に携わり、地域づくりや社会貢献活動等に取り組む方と話すことが増えた。今まで自分がとても狭い世界にいたことに気がつき、自分にない新しい見方や考え方に触れるたび、「誰と出会い、どんな経験をすれば、こんな生き方になるのか」と他人の人生に興味が湧いた。世の中は色とりどりの人があふれ、いくつもの人生や営みがあることを学校の中にいるだけでは気づきにくい。それは子どもも教員も同じ。地域を未来につながる教科書と捉え、教員自身が積極的に外の世界と関わり、教室の子どもと広い社会をつなぐ架け橋となれるように取組を進めていきたい。

COLUMN ❶

「ひとづくり・まちづくりフォーラム 2021」

田甫健一 ●岡山教育事務所生涯学習課

　「おかやま子ども応援事業」において、岡山県の地域学校協働活動の体制整備は進んできたが、各市町村における取組状況からは活動内容のマンネリ化（手段の目的化）、関係者の高齢化、後継者不足といった地域の教育力の弱体化が心配される。しかし、実際は子どもや地域の未来のために地域の様々な場所でいろいろな方々が活動している。互いの取組を理解し、つながれば、もっと大きな可能性が生まれ、さらに活発な取組へと変化することが期待できる。

　そこで、岡山県教育委員会では多様な実践発表と交流を目的としたフォーラ

図1 「ひとづくり・まちづくりフォーラム 2021」イメージイラスト、冨永洋氏（総社市）作

ムを開催することにした（**図1**）。子どもに関わる様々な人が身近な好事例に触れ、自身の考えや取組を振り返ったり、他者と協働するよさを体験したりすることで、多様な人々が子どもを軸につながることの重要性を感じ、地域全体で子どもを支える気運を醸成しながら、子どもたちを取り巻く問題を解決していく「ひとづくり、まちづくり」へと発展することをねらいとした。

　また、このフォーラムの運営主体を市町村教育委員会職員やNPO、県民、学生等で組織する実行委員会とすることで、関わる全ての人が学びの当事者となり、新たなネット

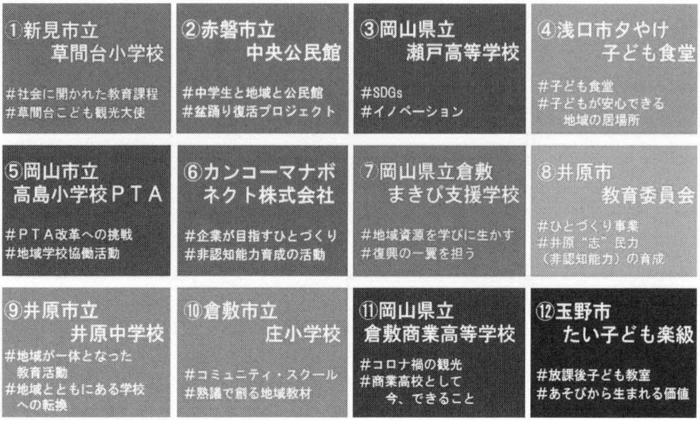

表の内容（図2）:

①新見市立
草間台小学校
#社会に開かれた教育課程
#草間台こども観光大使

②赤磐市立
中央公民館
#中学生と地域と公民館
#盆踊り復活プロジェクト

③岡山県立
瀬戸高等学校
#SDGs
#イノベーション

④浅口市夕やけ
子ども食堂
#子ども食堂
#子どもが安心できる
　地域の居場所

⑤岡山市立
高島小学校ＰＴＡ
#ＰＴＡ改革への挑戦
#地域学校協働活動

⑥カンコーマナボ
ネクト株式会社
#企業が目指すひとづくり
#非認知能力育成の活動

⑦岡山県立倉敷
まきび支援学校
#地域資源を学びに生かす
#復興の一翼を担う

⑧井原市
教育委員会
#ひとづくり事業
#井原"志"民力
　（非認知能力）の育成

⑨井原市立
井原中学校
#地域が一体となった
　教育活動
#地域とともにある学校
　への転換

⑩倉敷市立
庄小学校
#コミュニティ・スクール
#熟議で創る地域教材

⑪岡山県立
倉敷商業高等学校
#コロナ禍の観光
#商業高校として
　今、できること

⑫玉野市
たい子ども楽級
#放課後子ども教室
#あそびから生まれる価値

図2　発表事例（「ひとづくり・まちづくりフォーラム2021」チラシ参照）

ワークを築きながら準備・運営を行うこととした。

　初年度の実行委員は40名。仕事や家事で忙しい中、休日にオンラインで実行委員会を開催し、フォーラムの目指す姿やテーマを決めたり、グループに分かれて分科会の交流の柱を話し合ったりした。フォーラムでは、県内で子どもたちの育ちを支える様々な団体の取組12事例（**図2**）を紹介した。事例を学校に限らず、福祉や企業、社会教育関係団体の取組についても取り上げたのは、学校教育関係者に学校の外の風に触れてもらいたいという思いがあったからだ。会場は岡山大学を予定していたが、コロナ禍により参集を諦め、全てオンラインで開催することとなった。当日は、地域学校協働活動関係者・学校運営協議会関係者・PTA・企業・まちづくり協議会・社会教育委員・公民館関係者・地域おこし協力隊・NPO・行政職員・学生等、多様な参加者が500名以上集まった。

　参加者からは、「学校や地域での学びや経験が、将来の自分につながる『生きてはたらく力』になっていることに感動した」、「学校と地域がもっと思いを共有し、子どもたちに関わることが重要だと感じた」、「自分の学校や地域ではどのような活動が行われているのか、気になった」、「自分もPTAとして、地

図3　発表事例（「ひとづくり・まちづくりフォーラム 2022」チラシ参照）

域住民としてできることを考えたい」といった感想が寄せられた。

　実行委員からは、「実行委員が一番の学習者であった」、「個性や特技を生かして、チームワークのよい運営ができた」等の感想が寄せられ、実行委員会そのものが人材育成の場となっていた。この学びは口コミで広がり、2022 年度（図3）には 70 名を超える実行委員が集まった。実行委員の中には、フォーラム後も有志で学習会を開くなど、学びを自主的に企画・運営する姿が見られている。

　事務局である県職員は、各グループの調整役として事例発表者と実行委員とともにフォーラムを作り上げたことで、社会教育主事としてのスキルアップとネットワークを広げることができた。このフォーラムは、参加者、実行委員、事例発表者、そして事務局の全ての関係者に学びの機会を提供したといえる。

　県内にはすばらしい事例や努力の足跡が多々あるが、意識しないと気づかない。自分の見たいものだけを見るのでなく、見ていなかったものに触れたり、俯瞰したり、一歩踏み出したりしてみると、解決への糸口が見つかることがある。県教委としてはこのフォーラムのように、参加者が、子どもや地域の明るい未来のために、それぞれが立ち位置を考え、自己の成長や他者とのつながりを育み、持続可能な社会の担い手となることを自分事として考えるきっかけとなる学習機会を今後も提供していきたい。それが社会教育行政の役割だと考える。

1-2

【岡山県教育庁義務教育課】
「学ぶ力の育成」を目指して

川上慎治 ● 岡山県教育庁義務教育課

1. 岡山県が推進する「夢育」

　岡山県では、「知育」、「徳育」、「体育」をバランスよく促進し、心豊かに、たくましく、未来を拓く人材を育成するため、学力向上の取組に加え、「夢」を育む教育、「夢育」を推進している（図2-1）。

　「夢育」における「夢」とは将来就きたい職業や叶うまでに時間のかかる大きな望みといった、人生の目標となるような大きな夢だけでなく、「今すぐやってみよう」と思い挑戦する身近な目標も含めて「夢」と位置づけている。

　「夢育」では、一人ひとりの子どもが、自分の中で「夢」を育みながら、夢の実現に向かって挑戦していく経験を通して、「自分を高める力」をはじめ、「自分と向き合う力」、「他者とつながる力」、「地域とつながる力」といった非認知能力を養うことを目指している。

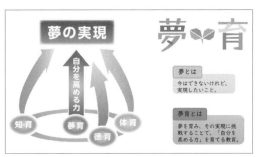

図2-1　県教育委員会が考える「夢育」

　学習指導要領に示されている、児童生徒に育成すべき資質・能力の「知識・技能」、「思考力・判断力・表現力等」、「学びに向かう力・人間性等」は、学習の過程を通して相互に関連し合いながら育成されるもの

とされている。したがって、「夢育」に取り組むことは、「学びに向かう力・人間性等」や、なりたい自分を実現するために必要となる「知識・技能」、「思考力・判断力・表現力等」を伸ばすことにもつながる。

2.「夢育」と地域を学びの場とした課題解決型学習

　予測困難な社会を生き抜くためには、直面した課題に対し、他者と協働してこれまでにない新しい答えを見出す力が必要である。

　義務教育課では、児童生徒が夢や目標の実現に向けて、自らを見つめ、他者や地域とつながりながら見通しを持って主体的に学び、学ぶ意義を感じながら粘り強く挑戦する力の育成を目指している。

　その手立てとして、児童生徒の発達段階に応じた課題解決型学習（Project Based Learning：PBL）の充実に取り組んでいる。PBLでは、児童生徒が課題を見つけ、他者と協働しながらその解決に取り組む過程を通して、非認知能力や、知識・技能、思考力・判断力・表現力等を身につけることができると考えている。

　また、各教科や総合的な学習の時間だけでなく、学校行事など、教育活動全体を通して、「児童生徒にどのような力を身につけさせたいのか」を明確にするとともに、児童生徒自身に自己決定させることを重視しながら取り組むことが大切である。

　地域を学びの場としたPBLに取り組むことで、自分をさらに成長させるきっかけとなる課題に出会う場面や課題解決に挑む場面を設定できる。子どもたちが多様な経験や多くの人々との出会いの中で、自分からやってみたいと思える「夢」や、なりたい自分の「姿」を見つけ、その実現に向けて努力し、挑戦していく経験を繰り返しながら、やがて「自分はどう生きたいのか」という自己の生き方を考えることにつなげていく。

　次に義務教育課の地域学校協働活動に関わる取組を3つ紹介する。

---

3. おかやま創生小中学校パワーアップ事業

　この事業は、2019（令和元）年度から3年間、小・中学校が地域と連携し、中学校区において「地域で育てたい子ども像」を共有し、地域の教育資源（人・もの・こと）を活用した学習や体験を進めるとともに、PBLの手法に基づく総合的な学習の時間の充実、学びのアウトプットと他者からのフィードバックを得る機会を設けることによって、児童生徒の探究心や地域への愛着、地元貢献意識の涵養を図るものである。次の（1）～（3）で具体的な取組を紹介する。

(1) 新見市大佐中学校区の取組

　子どもに身につけさせたい資質・能力として「地域の自然・文化・産業の理解」、「他者と協力・協働する力」、「自分の考えを表現する力」、「主体的に関わり貢献しようとする態度」を中学校区で設定し、農業、山田方谷、大佐源流太鼓、千屋牛、石灰を題材とした体験活動や学習に取り組んでいる。学習後の振り返りでは、学年末の振り返りに活用できるワークシートに児童自身が学びや気づきを記録し、保護者や教師からフィードバックを得て、成長が実感できたり、次の学びにつなげたりする工夫がなされている。

　新見市立刑部小学校では、児童が名づけた「千屋牛のスターちゃん」の飼育体験を通じて、命の大切さや協力し助け合うことの大切さを学んでいる。体験後、スターちゃんの飼育体験を通じてどんな力が身についたかを振り返る中で、「友だちと協力することができた」、「仲間を大切にできた」、「約束を守ることができた」、「世界にいる生き物や人間は、命がひとつだから大切にしたい」など、自分たちの成長を実感し、身につけた力を今後の学校生活や学習に役立てたいとの思いにつながっている。

(2) 井原市井原中学校区の取組

　井原市の子どもに身につけさせたい力である「いばら愛」、「やり抜く力」、「巻き込む力」の育成を目指し、平櫛田中、ぶどう、ジーンズ、綿栽培などを題材として、地域で活躍している大人たちと出会い、魅力的な生き方について

子どもと大人が対話しながら、自他
の幸福や持続可能な地域の実現に向
けて、自分たちにできることは何か
を考え、実践する取組を進めた。

　井原市立井原中学校では、地域の
魅力を見つける学習の一環として、
イルミネーションイベント「ミナク
ルネ」に参画した。中学校だけでは

図2-2　井原中生徒が作成した光のオブジェ

なく、幼稚園、小学校、高等学校、商工会議所青年部、井原Loversと連携し、
生徒のアイデアをもとにペットボトルをリサイクルした光のオブジェを一体と
なってつくり上げた（図2-2）。

　井原市を盛り上げることを目的とした本活動に地域を巻き込みながら参画し
たことで、生徒は、ふるさと井原への思いが高まるとともに、井原市の活性化
に貢献することができたという達成感を得ることができた。

(3) 真庭市湯原中学校区の取組

　目指す子ども像を「主体的に学習に取り組み、たくましい心と体を育て、郷
土を愛する心情をもった児童生徒」とし、はんざき（オオサンショウウオ）、観
光業、地域内の秋祭りなどを題材とした「湯原学講座」に取り組んでいる。

　真庭市立湯原中学校では、湯原の自然・福祉・ボランティアをテーマに、は
んざきの生態、高齢者施設、町づくりを調査した結果や地域の問題を調査する
中で発見した課題を解決する取組を行った。その学習成果をAR（拡張現実）
アプリを活用してまとめ、保護者や地域住民に発信し共有した。地域からの
「生まれ育った湯原の地を調べたり、地域の問題を考えたりすることが大切だ
と感じた」、「若い人たちが湯原に住み、地域を活性化させてほしいと感じた」
とのフィードバックがあり、地域住民自身も地域の教育資源を活用することの
意義を感じることができた。

(4) 取組の成果

(1) ～ (3) の取組から地域と学校の協働が果たす3つの役割を再確認できた。

ひとつ目は、地域の人・もの・ことから学ぶ中で、子どもたちがふるさとのよさをあらためて実感し、自分にできることは何かを考え実践しようとする態度が育成され、自己の生き方について考える機会につながるということである。

2つ目は、子どもたちの学習のアウトプットに対して、地域からのフィードバックを得ることで、子ども自身の自己肯定感や自分を高める力の高まりにつながるということである。

3つ目は、地域と学校が協働していくため、中学校区で育てたい子どもの姿を共有し、カリキュラムを作成するなど、地域の子どもたちを9年間で一貫して育成していく体制がつくられるといったことである。

4. おかやま学びたい賞

地域を学びの場とした課題解決型学習の成果を募集するこの賞は、「地域の魅力を知ってもらいたい」、「地域の課題を解決したい」など、地域の自然・文化・産業・歴史などの魅力を発見・再確認し、郷土に対する愛着や誇りを育むとともに、児童生徒の「もっと〇〇な人になりたい」、「〇〇ができるようになりたい」という夢や目標を応援するために創設した賞である（図2-3）。

応募された作品は、地域の魅力を発信したり、地域活性化を提案したりするなど、グループで協力しながら課題解決に取り組んだ様子が動画にまとめられ

図2-3　おかやま学びたい賞最優秀賞・優秀賞紹介サイト

図2-4　県主小学校の作品の一場面

ている。

　井原市立県主小学校5年生の作品「そうだ！県主へいこう！ episode 2 『かかしプロジェクト』」では、2020年度の5年生が行った取組を引き継ぎ、「県主のよさをたくさんの人に伝え、広めたい」という願いから、地域の宝である「かかし」を題材に学習を進めている（図2-4）。体験学習を通して、地域の人たちの思いを知り、自分たちにできることは何かを考え、ティッシュケースを作成し配布するなどの取組につながった。

　また、早島町立早島中学校2年生の作品「早島中学校2年生ESD起業体験活動」では、早島町伝統の「い草」を使って地域の魅力を発信する商品を、地元企業と連携し、企画書の作成から商品の開発、販売まで行っている。商品開発という地域貢献活動に取り組むことによって、地域への参画・貢献意識の高まりがうかがえる。

　その他、どの作品からも、小・中学生が地域を題材とした探究的な学習に取り組むことで、身近な地域で起こっている事象を自分事として捉え、「地域のために課題を解決したい、地域の力になりたい」という思いを、自分の言葉で発信するという主体的な学びの姿が見られている。

5. おかやま学びたい賞フォーラム

　このフォーラムは、おかやま学びたい賞に応募した学校の児童生徒が、互いの学習成果について意見交流するとともに、学習成果に対して他者からのフィードバックを受けることにより、自らの学びを振り返り、これからの学びに見通しを持ち学ぶ意欲を高めるために、オンラインで開催している（図2-5）。

　意見交流の場面では、「なぜ」、「どうして」の問いに向き合い、学び合う姿が見られた。参加児童生徒

図2-5　学びたい賞フォーラムの様子

からは、「僕も中学校に行ったら、あんなふうにみんなで頑張ってみたい」、「相手意識を持って取り組み、伝えることの大切さに気づいた」、「作品をつくる時にたくさんの方が協力してくれていることをあらためて感じ、感謝の気持ちも大切にしたい」、「地域ごとに課題やよさが異なっていたので、多くの考えや意見を知ることができた」、「地域が異なっても、自分の地域が発展してほしい、皆さんにもっと知ってもらいたいという気持ちは同じなのだとあらためて気づいた」など、これからの学びに向かう意欲を感じる意見や感想が交流された。

　また、オンラインで開催したことによって、学校所在地や移動時間に関係なく参加でき、ICT活用による効率のよさや便利さとともに、画面の向こう側にいる参加者のことを考えながらコミュニケーションをとることの大切さに気づくことができる機会となった。

6. おわりに

　新型コロナウイルス感染症が拡大しはじめた頃、マスクの需要が一気に増え、手に入れることが難しい状況が続いた。どうすればよいのか戸惑った者が多い中、ネットで検索して親子でマスクを作製したり、仲間と協力して作製したマスクを医療従事者に届けようとした子どもたちがいた。

　予測困難な社会を生き抜くためには、様々な変化に積極的に向き合い、何とかしようと主体的に考え、他者と協働しながら一歩踏み出すことができる力があらためて必要だと感じた。そのためには、子どもたちに求められる資質・能力を社会と共有し連携する「社会に開かれた教育課程」の実現は重要であり、学びの場を学校内だけにとどめず、日頃から社会に目を向け、地域を学びのフィールドとした課題解決型学習（PBL）を進めているところである。こうした取組を通じて、岡山県の子どもたちが、学ぶ意義を感じ、もっと学びたいという意欲を高めるとともに、学力や体力、規範意識や人間関係構築力を身につけ、心豊かに、たくましく、未来を拓く人材となっていくことを強く願っている。

1-3

【岡山県教育庁高校教育課高校魅力化推進室】
岡山県における地域と連携した高校の魅力づくり

室 貴由輝 ●岡山県教育庁高校教育課高校魅力化推進室

1．地域との協働による高等学校教育改革

　急激に変化する社会の中で、高校教育は大きく変わろうとしている。高等学校学習指導要領（2018年告示）の前文において「教育課程を通して、これからの時代に求められる教育を実現していくためには、よりよい学校教育を通してよりよい社会を創るという理念を学校と社会とが共有し、それぞれの学校において、必要な学習内容をどのように学び、どのような資質・能力を身に付けられるようにするのかを教育課程において明確にしながら、社会との連携及び協働によりその実現を図っていくという、社会に開かれた教育課程の実現が重要となる」と示された。

　文部科学省では、「新高等学校学習指導要領を踏まえ、Society 5.0を地域から分厚く支える人材の育成に向けた教育改革を推進するため、『経済財政運営と改革の基本方針2018』や『まち・ひと・しごと創生基本方針2018』に基づき、高等学校が自治体、高等教育機関、産業界等と協働してコンソーシアムを構築し、地域課題の解決等の探究的な学びを実現する取組を推進することで、地域振興の核としての高等学校の機能強化を図る」として、2019年度より、「地域との協働による高等学校教育改革推進事業」を開始し、質の高いカリキュラムの開発・実践、体制整備を進めている。岡山県においても地域魅力化型に和気閑谷高校が、グローバル型に岡山城東高校が指定され、これまで学校で取り組んできた強みを生かしながら、地域と協働した新しい学びを実現する

ための取組を推進している。

　このような大きい変化ではあるが、岡山県では、早い時期から高校と地域が連携した取組を行っており、2010年頃から複数の学校で「総合的な学習の時間」や学校設定教科として「地域学」が展開されはじめ、地域をフィールドにした課題解決型学習が行われるようになった。現在は全ての県立高校において地域と連携した教育活動が展開されている。

　また、岡山県教育委員会では、2013年から小規模化する高校と地域が連携した学校の魅力づくりや活性化を支援する事業を開始し、その後も、活動内容や支援方策を充実させた事業を実施し、現在まで地域人材の育成と地域の活性化に貢献する教育を推進してきている。

2. 県立高校における「地域学」

　岡山県では、各学校が地域と連携し、地域の課題等を自らの課題として捉え、地域の人と関わりながら、主体的にそれらの解決に取り組む学習「地域学」に早くから取り組んでいる。それぞれの学校での取組は、学校内での教育活動とは異なる価値創造の可能性があることを示した。

(1) 矢掛高校での取組

　岡山県立矢掛高校では、2010年に普通科総合コースにおいて学校設定教科「やかげ学」を開設した。2年生の1学期には、地域での活動をするために必要な基礎知識を身につける。9月から翌年の7月までの約1年間、毎週木曜日の午後に矢掛町内の保育園や小学校、図書館、美術館、老人福祉センターなどの施設で実習を行う。3年生の9月から活動の振り返りとまとめを行い、12月に成果発表会を行うという2年間にわたる教科である。矢掛高校では2005年から学校設定教科「環境」を開設し、地域をフィールドにした課題解決型の学習を行っており、持続可能な開発のための教育（Education for Sustainable Development：ESD）を柱にした教育活動が展開されていた。これらの実績から、矢掛高校と矢掛町、矢掛町教育委員会が協定を結び、それぞれが設置する

施設での生徒の受け入れが可能になった。

　毎週数時間とはいえ、約1年間にわたる実習を通して高校生は、施設から必要とされる存在となり、自尊感情が高まるとともに、社会との関わりやつながりを通して生き方やあり方を考えるようになっている。

(2) 林野高校での取組

　岡山県立林野高校では、LHRや放課後等を使って行っていた、生徒が自主的に計画・立案し、将来の夢を育む活動「マイ・ドリーム・プロジェクト（MDP）」を、2003年からは「総合的な学習の時間」に位置づけ、学年の枠を超えた異年齢集団を基盤に、興味・関心に応じたテーマごとのグループで活動を展開するようになった。2012年には、文部科学省の学力向上実践研究推進事業の推進校に指定され、「地域」を題材とした課題発見・課題解決型活動を推進した。林野高校が中山間地域に位置しており、MDP活動を通じて持続可能な地域社会の形成者としての資質を持つ生徒を育てることが重要であると考えたためである。2013年には、地域や社会の持続可能性を模索するという観点から、ESDの視点を取り入れて、MDP活動を再構成した。2014年には、学校設定教科「みまさか学」が開設され、MDP活動での地域への関心や理解をさらに深め、ビジネスプランの企画・実施や政策提言など、社会に役立つ実践によって、地域にイノベーションを起こすことができる人材を育成している。

(3) 広がる「地域学」

　この他にも2011年には、岡山県立真庭高校で総合的な学習の時間を「真庭Try & Report（通称：TR）」とし、地域で実体験を通した探究活動を行い、地域に対して情報発信していくという「開かれた学校づくり」が推進された。2013年には、岡山県立倉敷南高校が、倉敷が抱える課題の発見とその解決方法を考える中で、学問への志と社会性を培い、21世紀を生き抜く力を高めることを目的に、倉敷商工会議所や大原美術館などと連携して「倉敷町衆プロジェクト」を立ち上げた。岡山県立和気閑谷高校では、「地域の衰退を防ぐた

めには教育の充実が重要」という和気町の思いと、特色ある教育活動によって生徒の学力・意欲を伸ばし魅力化を図りたいという高校の思いが一致し、それまで進路に関する学習を行っていた「閑谷學（総合的な学習の時間）」を、2014年から、地域と関わり、課題解決力を身につけるという目標を掲げた探究学習「閑谷學」としてリニューアルした。

　この後も徐々に「地域学」を行う学校は増え、現在では、全ての県立高校で「総合的な探究の時間」、「学校設定教科・科目」、「課題研究」等において、地域の課題等を自らの課題として捉え、地域の人と関わりながら、主体的にそれらの解決に取り組む学習活動を行っている。さらにこれらの学習で扱う課題をSDGsと関連づけ、地域と連携しながら持続可能な社会の実現を意識した活動を行う学校も増えてきている。

3.　岡山県教育委員会における高校魅力化

　岡山県教育委員会では、これまで紹介した「地域学」による学校と地域との連携の流れとは別に、2013年度より魅力ある高等学校づくりを推進する事業を実施したことも、地域との連携が広がっていく要因になっている。

(1)　高等学校魅力化プロジェクト支援事業

　2013年度から3年間で「高等学校魅力化プロジェクト支援事業」に6校を指定し、指定校の魅力化・活性化に向けた取組を支援するとともに、地域から支えられる魅力ある高等学校づくりを推進した。具体的な事業内容は、地域の行政、企業、地域住民、保護者、同窓会等からなる学校を支える組織をつくり、指定校の今後のあり方についての協議や関係者のネットワークづくりを行い、指定校への様々な支援を継続して得ることができる基盤づくりを目指すものである。さらに魅力ある学校づくりのビジョンや具体的方策を作成し、魅力向上に向けた取組を行うとともに、地域や保護者への指定校の取組の情報提供や広報を行った（図3-1）。

　この事業により、地元自治体や関係者との間で学校を支えるための組織づく

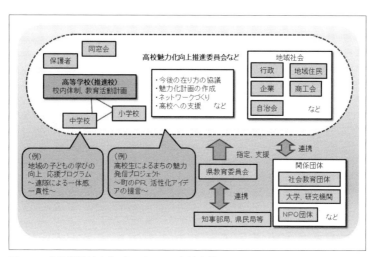

図3-1 高等学校魅力化プロジェクト支援事業

りが行われ、学校および地域の課題について共有し、学校の魅力づくりの方向性について意見交換や検討等が行われるようになった。また、地域での探究的な学習を行う地域学の取組や、地域に密着したボランティア活動を通して、地域社会の重要な一員としての自覚を深めたり、地域に対する愛着が育まれたりするとともに、問題解決能力やコミュニケーション能力の向上などの成果もみられた。

(2) おかやま創生 高校生パワーアップ事業

　2016年度から3年間で「おかやま創生 高校生パワーアップ事業」に第1期6校、2018年度から3年間で第2期4校を指定（うち1校は2年間の指定）し、地元自治体、企業、大学、NPO法人等からなる地域連携組織を置き、地域の課題やニーズを踏まえ、おかやま創生を担う人材の育成や地域の活性化に貢献する高校の魅力化を推進した。また、調査・分析および助言等の業務について、岡山大学に委託を行っており、岡山大学地域総合研究センターは、スーパーバイザー、地域アドバイザーを置き、地元企業、中学生とその保護者、在

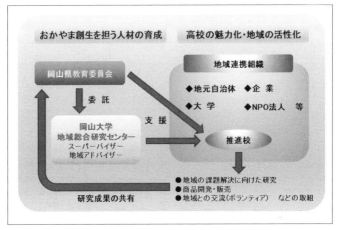

図 3-2　おかやま創生　高校生パワーアップ事業

学生へのアンケートの実施および分析により、地域の課題やニーズを踏まえた取組を支援するとともに、教職員研修や生徒対象の講演会、地域連携会議を通じて、専門的な立場からの指導、助言等を行った（図 3-2）。具体的な活動は、地元企業へのインターンシップや企業見学、地元小中学校と連携した活動、地域の人と高校生による意見交換会や、地域の特産品や資源を生かした商品開発などが行われた。

　本事業を通して、地域と連携した教育活動や地域のニーズを踏まえた魅力ある教育活動が行われるようになったことにより、学科改編や系列変更を行った学校や、本事業で構築した地域連携組織を学校運営協議会に発展させた学校があったのは大きな成果である。推進校へのアンケートからは、生徒の地域への愛着心や地域貢献したいという意識の向上もみられている。また、高校教員等を対象に、推進校の取組や成果を発表する「地域と連携した『高校の魅力化』フォーラム」を開催し、地域と連携した教育活動の重要性を周知させた。

(3) 高等学校魅力化推進事業【リージョナルモデル】

　2019 年度からは、1 学年 3 学級規模の高校を対象に、地域との連携のあり方

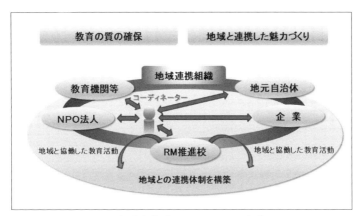

図3-3　高等学校魅力化推進事業【リージョナルモデル】

等を研究し、配置したコーディネーターを活用した地域との連携促進など、教育の質を確保した魅力づくりを図る「高等学校魅力化推進事業【リージョナルモデル】」を実施し、2019年度は6校、2020年度は2校、2021年度は2校を指定した。

　地域と協働した教育活動をより推進できるように、地域協働活動コーディネーターを各指定校に配置するとともに、地元自治体や企業、大学、NPO法人等からなる地域連携組織を置くこととした（図3-3）。各指定校の地域協働活動コーディネーターは、各教科や総合的な探究の時間などにおける地域をフィールドとした活動のサポートや、小中学校を含む地域での活動を行う際の企画・運営、学校のPR活動などを担当し、各指定校における地域連携のキーパーソンとして、重要な役割を果たした。また、地域連携組織では、事業の方向性や具体的な活動計画に加え、今後の学校のあり方など、多岐にわたる内容について協議が行われた。コミュニティ・スクールを導入している指定校は、学校運営協議会がその機能を果たしている。

　2021年度末の事業終了後、本事業での取組を継続するために、地域連携組織をコミュニティ・スクールに移行する学校や、学校が立地する自治体が独自

にコーディネーターを置き、学校と地域の連携、協働を図る学校が出てくるなど、成果が現れてきている。

4．持続可能な地域づくり

　それぞれの学校で、地域の課題等を自らの課題として捉え、地域の人と関わりながら、主体的にそれらの解決に取り組むことは、これからの時代を生きていくために求められる資質や能力を育むとともに、生徒の社会参画の意識を高め、地域への愛着や誇りを醸成し、地域に貢献する人材育成の面でも期待される。学校と地域が協働して生徒を育てることは、学校の魅力づくりになるとともに持続可能な地域づくりにつながる。

1-4

【岡山市教育委員会事務局学校教育部指導課】
岡山市地域協働学校の歩み

田中光彦●岡山市教育委員会事務局学校教育部指導課

　地域の方と話をすると「うちの地区は地域協働学校だから」と胸を張っていわれるのを聞く機会が多々ある。岡山市では、コミュニティ・スクールを地域協働学校と呼んでおり、この名前が市民に浸透しているからである。これは、コミュニティ・スクールの名称が誕生する前から、地域が学校に協力的であり、「地域の子どもは地域で育てる」という理念が定着していたことが要因であると考えられる。そのため、コミュニティ・スクールを導入する際にも、制度を受け入れられる土壌が整っており、学校運営協議会を活用して、地域で子どもたちの成長を支援しようという機運が一気に高まった。

1．本実践にいたる経緯

　岡山市地域協働学校の歩みは、2002（平成14）年に文部科学省事業「新しいタイプの学校運営の在り方に関する実践研究」で岡輝中学校区が指定を受けたことからはじまり、2005（平成17）年に岡輝中学校区が岡山市地域協働学校と初めて指定された。その後、この実践が子どもたちの成長、地域の活性化につながることから他中学校区でも2007（平成19）年から広がりを見せ、2020（令和2）年度末に、全ての市立小・中学校が岡山市地域協働学校となった。

　岡山市地域協働学校の特色は、中学校区単位で導入している点である。岡山市は学区制が敷かれており、ひとつの中学校区に1〜5つの小学校区がある。たとえば3つの小学校区からなる場合は、各小学校・中学校ごとに学校運営協

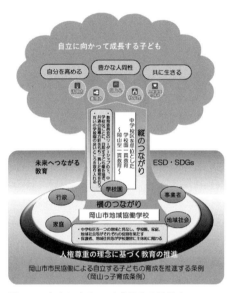

図4-1　自立に向かって成長する子ども

議会があり、それに加えて中学校区として連絡会を組織している。この中学校区の連絡会を持つことにより、中学校区で目指す子ども像を共有することができ、中学校区全体が同じベクトルで子どもたちの成長を支援することが可能となっている。この形が岡山市教育委員会の推進している中学校区を単位とした学校園一貫教育〜岡山型一貫教育（縦のつながり）と岡山市地域協働学校（横のつながり）の土台となっている（図4-1）。

2．実践の概要

　中学校区で取り組んでいる事例をひとつ紹介する。この中学校区には４つの小学校があるが、将来は同じ中学校に子どもたちは通学するようになるからと、中学校区全体での取組を重要視していたからである。そこで、各学校運営協議会から出た意見を反映させて中学校区にあった様々な組織と連携して、子育て応援冊子を作成した。この冊子では中学校区全体で目指す子どもの姿を「笑顔であいさつ」、「進んで学び」、「みんなのために働く子」とわかりやすく明記するとともに、乳幼児、小学校低学年・高学年、中学校の発達段階に応じて、目指す子どもの姿に向けて取り組むことを一覧にまとめている。

　また、家庭、地域社会、学校園の役割を図示し、信頼関係をもとにお互いが支え合って、見守ることをうたっている。この冊子は改訂を重ね、現在はVer.3となり、中学校区に住む全家庭に配布されている（図4-2）。地域の方からは、「地域全体で子育てに取り組む機運が高まった」と好評を得ている。そ

図 4-2 ももたろう子育て応援 Ver.3

表 4-1 地域協働学校設置までの大まかなスケジュール

日程	取組内容
18 か月前	校園長会で 2019（平成 31）年度から学校運営協議会を設置する方針を決定
15 か月前	校園長対象研修会 PTA、連合町内会長対象の研修会
12 か月前	各校園において学校評議員に学校運営協議会を設置する方針を説明
6 か月前 （夏季休業中）	中学校区学校園教職員対象研修会 中学校区の目指す子ども像および取組内容について検討、作成
4 か月前	学校評議員会において、目指す子ども像の提案
3 か月前	中学校区全体学校評議員会において目指す子ども像の承認 中学校区全体学校評議員対象研修会
1 か月前	岡山市地域協働学校設置に係る申請書を教育委員会へ提出
	2019（平成 31）年 4 月 1 日 高島中学校区地域協働学校設置

して、子どもたちに夢づくりをさせたいという思いに発展し、「夢づくりノート」を作成し、家庭や学校で計画的・継続的に活用されている。

　次に、教育委員会として制度導入のための学校園への支援を紹介する。

　表 4-1 は地域協働学校設置までの大まかなスケジュールを示したものである。このスケジュールは、高島中学校区の校園長会で協議し決定している。教育委員会は、研修会の時期、対象、内容については、学校園の要望に合わせて準備し、開催している。

　また、委員の選出や運営協議会の開催時期など細かな内容について相談を受け、助言を行ったり、学校園長会などで参考になる事例等を紹介したりしている。

　保護者や地域住民の理解を得て（図4-3）、ともに岡山市地域協働学校を運営していくためには、運営協議会の熟議の重要性や、協働による運営の必要性を周知することが大切である。教育委員会が制度導入までにしっかり関わるの

図 4-3　岡山っ子育成条例

はもちろん、導入後の学校運営協議会の運営についても支援できる体制づくり
が必要であると感じている。

3. 成果と課題

　全ての市立小・中学校がコミュニティ・スクールとなった本市であるが課題
はある。そのひとつは継続性である。地域住民の代表の方の高齢化や学校関係
者の転退任により、立ち上げた時の熱量が薄れつつある地域がある。会議のマ
ンネリ化や前例踏襲の行事等に対しての負担感といったことがあげられる。今
後も学校運営協議会が形骸化されないためにも、地域住民の方や学校関係者を
対象にしたフォーラムや研修を継続して開催する必要があると考えている。

　また、新型コロナ感染症の広がりにより、これまでフェイストゥフェイスが
当たり前だった、子どもたちと地域の方とがつながる場面が減少していること
も課題である。子どもたちには体験的な学びや人と人がともに活動することで

得られる充足感が不足していると感じている。「相手のことを思ってする」ことで生まれる「ありがとう」、「お世話になる」といった感謝の気持ちの声かけが子どもたちの成長にとって貴重なビタミン剤としての効果が発揮できるよう、感染対策を講じながら活動している好事例の紹介を今後も継続したいと考えている。ただ、日常を早く取り戻すことも大切だが、同時にこの機会に、行事やイベントの運営方法の見直しを行うことも必要と考えている。やらされ感や負担感を抱くのではなく、主催者と参加者の両者が、達成感や満足感が得られる運営になるよう、改善を呼びかけたいと考えている。

　成果としては、学校と地域をつなぐ役割として、公民館が効果的に機能してきていることである。中学校区にひとつ設置されている公民館のネットワークを活用し、これまで以上に様々な当事者が子どもの成長に携われる仕組みを構築している。そして、これまで公民館に縁が遠かった子どもたちも、具体的な活動の場が公民館で提供されることで、公民館に集い、公民館を身近なものとして感じられる好循環が生まれつつある。今後も地域の学習の拠点として、公民館が活用されるよう、社会教育と学校教育がしっかりと連携していく必要を感じている。

1-5

【浅口市教育委員会】
"CSでつくる"キラリと光る「あさくち未来学」

信清亜希子 ●浅口市教育委員会学校教育課

1. 本実践にいたる経緯

(1) 本市の特色

　浅口市は、岡山県の南西部に位置し、北に瀬戸内海を一望できる遥照山、南に穏やかな瀬戸内海を望む、豊かな自然に恵まれた町である。2006（平成18）年に金光・鴨方・寄島の3町が合併し、岡山県で最もコンパクトな本市が誕生した。日本最大級の口径188cmを誇る反射望遠鏡を備えた国立天文台、アジア最大級の京都大学3.8m反射望遠鏡「せいめい望遠鏡」を持つ京都大学岡山天文台がある「天文のまち」であり、それぞれの町では植木業、製麺業、漁業など、地域の特色に応じた産業が盛んである。

　市立学校園は、金光中学校区に1園3小1中、鴨方中学校区に3園3小1中、寄島中学校区に2園1小1中があり、各中学校区で連携しながらよりよい教育活動の充実を推進してきた。

(2) 「キラリと光る未来プロジェクト」の推進

　本市の教育目標「郷土あさくちを愛し　心豊かにたくましく　未来を拓く人づくり」を実現するために、2019（令和元）年に「キラリと光る未来プロジェクト」を立ち上げた。これは、「園小連携・小中一貫教育」、「コミュニティ・スクール（CS）」の2つを推進の柱に据え、「良質な関わり合い」、「認める、ほめる、励ます」、「子どもたちの主体的な活動、家庭や地域との協働」を通し

て、「自他との関わり合いの中で、生きる力を育む」ことを目指すものである。プロジェクトの推進にあたっては、各校に、一貫教育推進・CS・学力向上・生徒指導等の担当者を位置づけて担当者会議を開催し、市内全体で共通理解を図りながら取り組んでいる。

(3) CSの導入・推進

　「キラリと光る未来プロジェクト」（図5-1）の柱のひとつであるCSの導入については、「学校・家庭・地域が双方向に連携・協働しながら、未来を拓く子どもたちを育む」をス

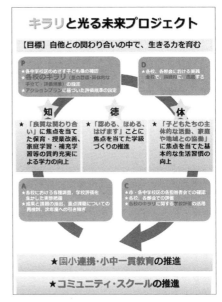

図5-1　キラリと光る未来プロジェクト

ローガンに取り組んでいる。まずは、2018（平成30）年に浅口市立鴨方東小学校に学校運営協議会を設置した。これをひとつのモデルケースとし、先進地視察や研修会の実施、広報活動を行いながら、2019（令和元）年には、鴨方地区と寄島地区、2020（令和2）年には金光地区の全ての学校に学校運営協議会を設置した。

　各学校運営協議会では、熟議の会を開催し、目指す子ども像を決定した。熟議の会では保護者・地域の代表や学校園の教職員だけでなく、児童生徒の代表が参加し、「こんな子どもたちを育てたい」、「こんな人になりたい」と意見を出し合い、目指す子ども像を練り上げていった。各中学校区の目指す子ども像（次ページ参照）は、パンフレットや広報誌に掲載して、市民への周知を図っている。

```
　　　　　　　　　３中学校区の目指す子ども像
☆金光「広い視野と思いやりの心をもった、心身ともに元気で明るく前向
　　　きな子」
☆鴨方「わがあい　ともあい　かもがたあい　〜自分を愛し、仲間を愛し、
　　　地元・鴨方を愛する子ども〜」
☆寄島「育てよう！　生きる力と、もやいの心をもつ子ども」
```

（4）園小連携・小中一貫教育の推進

　「キラリと光る未来プロジェクト」のもうひとつの柱である園小連携・小中一貫教育については、これまで各中学校区で実践してきた園小中の連携の枠組みをもとに取組の充実を図ってきた。2019（令和元）年に、有識者・地域・保護者の代表から構成される浅口市小中一貫教育推進委員会を立ち上げ、「浅口市小・中学校一貫教育基本計画」を策定した。基本方針として、小中一貫教育を「縦のつながり」、CS を「横のつながり」、教職員の協働を「斜めのつながり」として、以下に示す「浅口市の５つのキラリ」を設定し、一貫教育を推進している。

```
　　　　　　　　　浅口市の５つのキラリ
☆キラリ１　目標設定のキラリ
　⇒中学校区で目指す子ども像を共有する。
☆キラリ２　カリキュラムのキラリ
　⇒９年間を見通したカリキュラムを編成し、指導形態を工夫・改善する。
☆キラリ３　子どもたちの活動のキラリ
　⇒認め、ほめ、励ますことで子どもたちの教育活動の質を高める。
☆キラリ４　教職員の協働のキラリ
　⇒小中学校の教職員の「連携」と「協働」を深める。
☆キラリ５　家庭・地域と協働のキラリ
　⇒CSの取組を充実・進化させる。
```

2. 実践の概要

　「キラリと光る未来プロジェクト」の一環として、社会に開かれた教育課程の実現を目指し、「あさくち未来学」の作成を行っている（図5-2）。これは、各中学校区でこれまで実践されてきた学びを、小中一貫カリキュラムとして位置づけ、学校だけでなく地域・保護者とともに作成・実践するものである。各中学校区の目指す子ども像の実現、さらには本市の教育目標の実現に向け、カリキュラムの全体構想を設定し、取り組んだ。

(1) 目指す子ども像の実現に向けて

　社会に開かれた教育課程の実現に向け、カリキュラム作成の中心となるのは学校である。そこで、有識者を招いて教務主任等を対象とした研修を実施した。カリキュラムを編成・実践し、改善していくことの重要性や、学校が中心となって作成したカリキュラムを地域・保護者に理解してもらうことの必要性について共通理解を図ることができた。とくに、「生活科」、「総合的な学習の時間」は、子どもたちが生まれ育った地域について学ぶことができる教科・領域として、各中学校区のカリキュラムの柱とした。

　また、小学校の専科教員と中学校の教科担当者が相互に授業参観をして研修したり教育課程づくりをともに進めたりする「キラ理科」、「キラリ英語」チームを立ち上げたり、教科ごとの担当者会を開催したりした。各教科等における児童生徒の実態をもとに、各中学校区の目指す子ども像の実現に向けたカリキュラム作成を進めている。

(2) CSでつくるカリキュラム

　各中学校区の目指す子ども像の実現に向け、地域・保護者の参画は欠かせない。そこで、本市ではCSや熟議の会を活用したカリキュラムづくりを進めている。作成したカリキュラムは学校運営協議会の場で説明し、保護者・地域からの意見を集約したり、熟議の会のテーマにカリキュラムを取り上げて、地域の資源を活用した学びについて話し合ったりした。熟議の会を活用した学校で

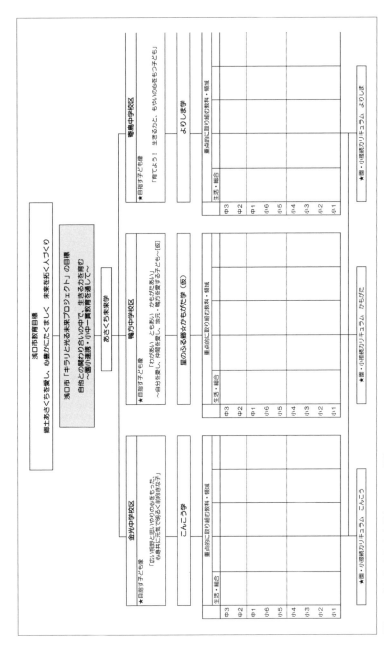

図5-2 「あさくち未来学」イメージ図

は、教材となりうる新たな地域の資源が見つかったり、保護者・地域・学校が協働して目指す子ども像の実現に向けて「何を身につけさせたいか」、「どんな学びをさせたいか」について話し合うことにより、新たな学びが生まれたりしている。

　カリキュラム作成の過程に、地域・保護者、児童・生徒が参画し、ともにアイデアを出し合って、地域資源の発掘を行いながら新たな学びを創出し、教育課程に位置づける。こうした取組を続けることで、社会に開かれた教育課程の実現を目指していきたい。また、カリキュラムは作成することがゴールではない。作成したカリキュラムを実践し、見つかった課題を修正しながらよりよいカリキュラムに改善していく必要がある。

3. 成果と課題

　2021（令和3年）度末までに、地域を学ぶ「生活科」、「総合的な学習の時間」を柱に、カリキュラムづくりと実践を進めた。熟議の会でカリキュラムづくりについて話し合った学校では、「学区にこんな資源があったなんて知らなかった」という教員の声や、「地域のことを先生が知って、子どもたちに新しい地域の学びを考えてくれることがうれしい」という保護者の声も聞かれた。また、「子どもたちが地域を学ぶことで、地域が活性化している」、「やりがいを感じている地域の人々が増えた」という声もあがっていることは大きな成果といえる。

　一方で、「CSや子どもたちの学びに関わっている人にはよさが伝わっているが、それ以外の人への周知が十分でない」、「保護者や地域の人が見て、わかりやすいカリキュラムをつくる必要がある」という声も聞かれる。啓発・広報活動の工夫とともに、カリキュラムづくりや子どもの学びに関わる人を増やしていくことも今後の課題となる。

　CSでつくる「あさくち未来学」の取組を継続し、よりよいカリキュラムに改善することで、キラリと光る人づくり・まちづくりを推進したい。

1-6

【久米南町教育委員会】

持続可能な久米南町を目指して

武村佳予子●久米南町教育委員会教育課

　本町は岡山県のほぼ中央に位置し「日本の棚田百選」に選ばれた棚田を有する稲作を中心とした農業が盛んな地域である。ブドウやキュウリ、ゆずなどの特産物も町を盛り上げ、伝統文化としては川柳や法然上人ゆかりの誕生寺も有名である。古くから学校と地域の結びつきが強く、「地域の子どもたちを地域で育てる」という思いのもと、子どもたちを育んでいる。

1．本実践にいたる経緯

(1) 第2次久米南町教育振興基本計画

　本町では、町の教育の目指すべき姿とその実現に向けた基本的方向を示した「第2次久米南町教育振興基本計画（2021〔令和3〕年3月31日策定）」に沿って教育を推進している。社会の変化に主体的に対応しながら豊かな人生を切り拓く子ども、自然や人を愛し、郷土久米南町を誇りに思う子どもの育成を目指して「心を育てる町・久米南町〜人づくりによる町づくり〜」を基本目標と

表6-1　久米南町教育推進の体系

【育みたい資質能力】
自立　共生　郷土を愛する心

【基本目標】
心を育てる町・久米南町
〜人づくりによる町づくり〜

【基本方針Ⅰ】社会を生き抜く力の育成
基本計画1　学力向上
基本計画2　情報活用能力の育成
基本計画3　心身の健全育成
基本計画4　夢や目標を育む教育の推進
基本計画5　読書推進

【基本方針Ⅱ】郷土を想う心の育成
基本計画1　久米南町への愛着と理解の育成
基本計画2　生きがいづくり
基本計画3　子育て支援の充実

し、**表6-1**に示す体系で取り組んでいる。

　地域学校協働活動は「基本方針Ⅱ」の「基本計画1」に位置づけ、学齢期では、地域や行政、関係機関などと連携・協働し、身近な地域や人を知る体験的な学びをすることを重視している。そして、学びを通して久米南町を愛し、ふるさとの恵みを守っていけるような人材の育成を目指している。

(2) 久米南町の現状

　全国的にも少子高齢化の急速な進展は社会問題となっており、本町もその例外ではない。高齢化率は44.9%（2020〔令和2〕年時点）と県内1位で人口も年々減少傾向にある。また、高校卒業とともに進学や就職で転出する若者も多く、このことも人口減少の大きな要因といえる。若者が進学や就職を機に町外に出るのは仕方のないことではあるが、離れていても一人ひとりの心にふるさと久米南町への誇りや愛着、人とのつながりや真心があれば町はさびれることなく、元気に存続できると考える。そうなれば、いつかは久米南町に戻ってくる若者もいるかもしれないと期待している。

(3) 「郷土を想う心の育成」の実現に向けて

　子ども時代に地域や人と関わり、体験を通して学んだことは生きた知識となり、その後の成長の土台となる。そのため、多様な生き方や考え方、価値観が得られるであろう様々な世代や経験を重ねた地域の方との関わりや身近な自然や文化、産業などに触れることのできる地域活動、学習活動は児童生徒にとって大変重要な場であり、意図的に設ける必要がある。さらに、その機会を地域のいろいろな立場の人が一丸となって創出することで、多様な観点から「郷土を想う心の育成」の実現を目指すことができる。

　また、地域への誇りや愛着、人とのつながりは、発達段階に応じて少しずつ醸成される。保育園、小学校、中学校の時期に無理なく地域への思いや愛着を育むためにも子どもの成長に応じた地域との関わり方を意図的に仕組むことが必要である。保育園では「地域の中で体験する、浸る」ことをたっぷり経験さ

せ、そのうえで小学校では「体験を通して地域を知り、他者に伝える」、さらに中学校では「地域のために行動、貢献する」というように、子どもと地域との関わり方（到達点）を成長とともに段階的に発展させながらねらいに迫ることを大切にしている。

(4) 久米南町における地域学校協働活動

　2006（平成18）年改正の教育基本法に基づき作成した「第1次久米南町教育振興基本計画」を受け、2011（平成23）年に「久米南町子ども応援運営委員会」を組織したのが町での学校と地域の連携協力のはじまりである。

　「学校支援地域本部」を柱として、久米南町で育つ子どもたちを町の宝として地域で育んでいく体制をスタートさせた。2017（平成29）年以降は地域による学校支援から地域と学校の連携・協働を意識した取組へと移行し、徐々に「地域学校協働本部」として整備していった。

　現在は、**図6-1**に示す体制で学校を核とした地域学校協働活動を行っている。中学校区にひとつの地域学校協働本部を置き、運営委員会では各学校の取組や地域での活動について話し合い、共有している。子どもの健やかな成長に向け、

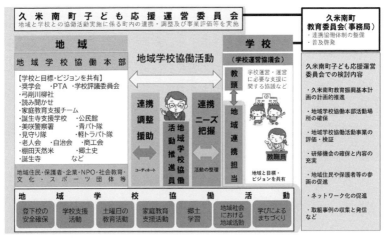

図6-1　久米南町地域学校協働活動の体系（2022〔令和4〕年2月現在）

活動をさらに推進していくための議論も進めている。今後は地域とともにある学校づくりも視野に入れつつ、コミュニティ・スクール化に向けても検討していく予定である。

2.　実践の概要

(1)　学校主体の取組（教育課程内での取組）

　学校教育の中では「総合的な学習の時間」を中心に取組を行っている。主に地域に関心を持つことからはじまり、調べ学習やフィールドワーク、意見交流を重ね、学びを進める。身近な地域の自然や文化、産業などに関心を持って「なぜだろう」とわいた疑問を資料やインターネットなどで調べたり、地域に出かけ実際に確認したり、聞き取りをしたり、友だちと話し合ったりと多様な体験を重ねながら学びを深めていく。様々な場面で新たな発見に心揺さぶられ「わかった！」、「そうなんだ！」というつぶやきが生まれる。そして、地域についてじっくり考える経験の中で身近な地域や人をあらためて知る「再発見」の驚きや感動といった心の動きも起こっている。

(a)　小中学校での取組概要

　本町には弓削小学校、誕生寺小学校、神目小学校の３小学校があり、いずれも古くから地域と結びついた教育活動が行われている。各地区の特産品である弓削地区のキュウリ、誕生寺地区の棚田米、神目地区のブドウについては地域学習として年間計画に位置づけ、伝統的な学びとして引き継がれている（図6-2）。このように小学校では、学校を中心とした身近な地域を中心に６年間を通して様々な地域資源との関わりを重ねていく。

　そんな地域との関わりで育った３小学校の子どもたちは久米南中学校に進学する。それぞれの小学校区の身近な地域を学んだ子どもたちは、

図6-2　神目小学校ブドウ学習

中学生になると久米南町全体をひとつの地域として捉え、さらに広い視野で地域学習を進めていくようになる。そして、その学習を通して自分も地域の一員として何かできないかと当事者意識を持って考え、地域課題の解決に向けて行動、貢献する関わりを実践していく。

　ここでは中学校の事例の一部について紹介する。

（b）中学校での取組「総合的な学習の時間『久米南学』」

　中学校では総合的な学習の時間で地域学習「久米南学」を行っている。全国的な取組にもなっているSDGs（持続可能な開発目標）の考えのもと、学校全体で「持続可能な久米南町をつくる」という大きなテーマを掲げ、学年ごとに系統的に取り組むこととした。学校全体の「大テーマ」に沿って、**図6-3**のように各学年で様々な切り口から探究的な学び（プロジェクト学習）を進めていく。

　「地域との関わり」については学年が上がるにつれ、町づくりに参画する姿勢を重視している。今回の計画でも1年生は小学段階の延長である「地域について知る・伝える」要素が強い学習となっているが、2年生、3年生は自らが主体的に関わる「地域のために行動・貢献」の要素が強くなっている。同じ

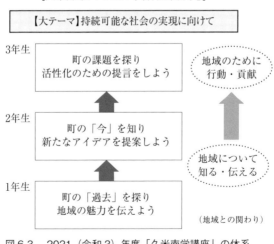

図6-3　2021（令和3）年度「久米南学講座」の体系

地域を切り取った学びでも、自己と地域との関わりは意図的にレベルを上げていくことを大切にしている。

(c) 3年生の取組の様子

　3年生は、町の課題から活性化に向けた提言を行うことを目的に探究活動を行った。それぞれの関心ある課題ごとに9つのグループに分かれ、調べ学習やフィールドワーク、協議を重ね「提言づくり」に向けて活動を進めていった（**表6-2**）。

　SDGs の考え方から「持続可能な久米南町にし

表6-2　3年生グループ課題

	分野	テーマ
1	農業	ゆず
2		ブドウ
3		棚田
4	移住	町おこし
5	町づくり	空き家対策
6	観光	イベント
7		ゆるキャラ
8	伝統文化	川柳
9		誕生寺

ていくためにはどうしたらいいか」、「今後どんな町になればいいと思っているのか」について自分の選択したテーマ（地域課題）に生徒自身が向き合っていく。ふだん当たり前と見過ごしていた身近な地域資源について考え、ふるさとの未来を仲間とじっくり話し合う（**図6-4**）。そこから得られた様々な気づきをもとに活性化に向けた提案性のある対応策を考え、提言にまとめた。発表会ではできあがった提言を地域に向けても発信した（**図6-5**）。中学生の視点で町の未来を見据え、考え抜いた提言は子どもたちにとっても達成感のあるもので、堂々と発表する姿は久米南町への思いがあふれ大変印象的であった。

図6-4　グループでの練り上げ

図6-5　グループ発表（提言）

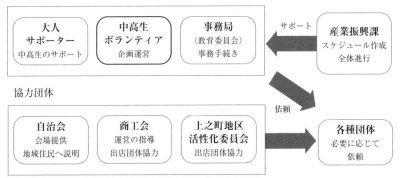

図6-6　実施体系図（2018 ～ 2019〔平成30 ～令和元〕年度）※以後コロナのため未開催

(2) 地域主体の取組（教育課程外での取組）「未来商店街」

　町では地域主体の中高生有志を巻き込んだ取組も行っている。「地域課題の解決や町づくりに中高生が参画し活躍することにより、郷土への愛着心の醸成や地域定着が促進される」という仮説のもと、中高生が町づくりに参画する場を設けている。そのひとつが「未来商店街」の取組である。

　古くは宿場町として栄えた旧道沿い商店街。現在は高齢化が進み、店の多くが閉店し閑散としている。この状況を町の課題のひとつとし、商店街に賑わいを再現することが町の活性化の一助となるのではないかと考え、一日限りの商店街活性化イベント「未来商店街」を2018（平成30）年にスタートした。「こんな商店街にしたいな」、「こんなお店があったらいいな」など、中高生の自由な発想から生まれる「あったらいいな」を形にしていく。**図6-6** に示す体制で同じ志を持つ地域の大人や団体も加わり活動をサポートすることで、地域とともにその実現を目指していった。

　中高生はイベント当日だけでなく企画段階から中心的に関わることで、町の現実と向き合いながら未来を見据えた活動をじっくり協議していく（**図6-7**）。大人の役割は子どもの思いが実現に向かうよう支えること。子どもも大人も町を想う気持ちを原動力に思いをひとつにして準備を進めた結果、イベント当日

図6-7　実行委員会の様子

図6-8　当日の出店の様子

は来場者であふれ大盛況、大成功だった（**図6-8**）。

　核家族化、地域におけるつながりの希薄化を感じる現代において、日常生活の中で様々な立場の大人と接すること、町を巻き込んだイベントを企画し、実行することは現実的になかなか難しい。だからこそ、今回の達成感は子どもたちにとって予想以上に大きいものであったようだ。そして、活動を通して生まれ育った町や支えてくれる地域の人について考えることができ、さらには自分の役割を新たな視点で見つめ直すきっかけとなったのではなかろうか。

3.　成果と課題

　11月に中学2年生を対象にある調査を行った。その中の「自分の住む地域を大切だと思うか」という項目に対して生徒全員が肯定的回答をした。この調査は地域学習の効果を図る目的ではなかったため、今回の回答が学習の成果であるとはいえないが、生徒自身に地域を大切にする思いがあることは見て取れる。学校生活での言動からも地域への関心は以前より高まっている様子がうかがえ、学習による成果であるという実感はある。

　ただ「郷土を想う心」は一朝一夕に身につくものではない。成長とともに積み重ねていくことができるよう、発達段階や生活経験に応じた形で工夫する必要があるが、本町の地域学習は学校が個々で実施している実態がある。地域に育つ子どもの学びが9年間円滑に継続することを理想とし、今後は学校間連携を意図的に行うことで、さらなる学びの充実を図っていきたい。

1-7

【井原市教育委員会】
ふるさと井原の未来を創るひとづくり

藤井　剛●井原市教育委員会生涯学習課 兼 学校教育課

1．本実践にいたる経緯

　井原市は、西は広島県に接する岡山県西南部に位置し、市街地を除くほとんどが山々に囲まれた農山村ではあるが、隣接する中核市等へのアクセスもよく、豊かな自然と利便性を兼ね備えた"ちょ田舎さ"を売りにする、程良いまちである。

　本市には、13小・5中・3高等学校がある一方、大学や専門学校はなく、高校卒業後の進学の際に市外へ転出すると、そのまま就職先や居住先に市外を選び、地元に戻る若者が少ないという本市特有の課題を含め、少子高齢化や人口減少への対応は、最優先課題のひとつである。

　そこで、持続可能なまちづくりを支えるひとづくりを組織的・計画的に推進するため、2019（令和元）年に「ふるさと井原の未来を創るひとづくり事業」を開始し、ふるさと井原に対する愛着や誇りを持ち、たとえ離れて暮らしていてもふるさとを心の拠り所としながら、ふるさと井原を自らの活躍の場として捉え、自他のよりよい未来の実現に自分事として関わろうとする人材（人財）の育成に取り組むこととした。

2．実践の概要
(1) 推進組織

　本事業は、教育委員会が所管するが、その推進は市全体で取り組むべき内容

表 7-1　井原市ひとづくりアドバイザー一覧（2021〔令和 3〕年度時点）

NO	氏名	所属・役職	備考
1	赤木恭吾	岡山大学　教授（特任）大学院教育学研究科教職実践専攻（教職大学院）	R2 〜
2	浦崎太郎	大正大学　地域構想研究所　教授	R1 〜
3	江森真矢子	一般社団法人まなびと　理事	R1 〜
4	大野圭司	株式会社ジブンノオト　代表取締役	R1 〜
5	川田達彦	カンコーマナボネクト株式会社　キャリア教育コーディネーター	R2 〜
6	北浦菜緒	カンコーマナボネクト株式会社　キャリア教育コーディネーター	R1 〜
7	黒瀬大亮	ライフイズラーニング合同会社　代表社員	R2 〜
8	瀧　靖之	東北大学　教授　医師　医学博士	R2 〜
9	中山芳一	岡山大学全学教育・学生支援機構　准教授	R1 〜
10	矢島里佳	株式会社和える　代表取締役	R1 〜
11	吉川　幸	岡山大学　副理事　全学教育・学生支援機構　准教授	R1 〜

であることから、市長を本部長、副市長と教育長を副本部長とした庁内組織
「井原市ひとづくり推進本部」にて方針を定め、教職員、保護者、公民館やま
ちづくり組織、企業・商工事業者等の代表者と市職員で組織する「井原市ひと
づくり実行委員会」において具体的な事業内容を検討しながら推進している。
また、本事業の推進に必要な専門知識や技能を有する有識者を「井原市ひと
づくりアドバイザー」として委嘱し、必要に応じて助言・支援を受けることので
きる体制も整えている（表 7-1）。

(2) 目指す人材「井原"志"民」の明確化

　本事業においては、育成を目指す人材像を「ふるさと井原を愛し、ふるさと
井原のために実行するひと＝井原"志"民」と定め、市民アンケート結果をも
とに身につけたい力を「いばら愛（郷土愛と当事者性）」、「やり抜く力（向上心
と忍耐力）」、「まき込む力（発信力と協働性）」の 3 つの資質・能力からなる「井
原"志"民力」として集約・整理した（図 7-1）。

　この作業は、実行委員による検討に加え、中高生によるワークショップで出
された意見やアイデアも反映させながら求める姿や行動目標を設定し、最終的
に全 18 項目にわたる具体的な行動指標にまで落とし込みを図った。

図 7-1　井原 "志" 民力と求める姿および行動指標（2021〔令和 3〕年度時点）

(3) 主な取組内容

　本事業は、井原 "志" 民力を持った井原 "志" 民の育成と、ひとづくりという共通目標（＝志）でつながる志縁コミュニティの形成に向け、「ひとづくりのまち『井原』の発信」、「社会に開かれた教育課程の実現」、「地域社会および企業との連携」、「高等学校および大学との連携」を 4 つの柱に掲げ、学校教育と社会教育を横軸に、就学前から青年・高等教育期までを縦軸に多角的な取組を展開しているが（図 7-2）、ここでは、「社会に開かれた教育課程の実現」、「地域社会および企業との連携」の 2 つの柱に関わる取組を紹介する。

　くしくも、本事業の導入・展開期は、新学習指導要領の移行期間と重なっていたこともあり、新学習指導要領の趣旨に則った社会に開かれた教育課程の実現と、それを支える地域と学校の連携・協働体制の深化は、とりわけ子どもたちを対象にしたひとづくりの充実に欠かすことのできない要素として捉え、本

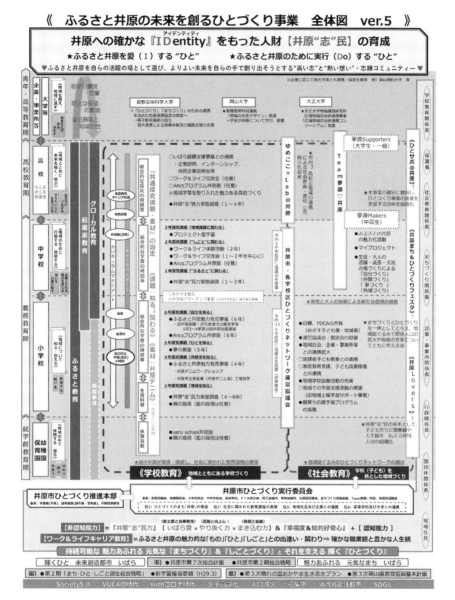

図7-2　ふるさと井原の未来を創るひとづくり事業　事業構想全体図
（2021〔令和3〕年度時点）

事業が果たすべき重要な役割のひとつと認識して事業を進めてきた。

(a) ひとづくりネットワークの構築

　本市は、県内でもいち早く学校支援地域本部事業を導入し、順次実施校区を増やしつつ、地域学校協働本部事業に移行しながら地域と学校の連携・協働体制の整備を進めてきた。しかし、全小中学校区への導入にはいたっておらず、それぞれの取組もいわゆる「学校支援」の域にとどまっている例が多いことが課題としてあがっていた。

　そこで、本事業を好機と捉え、市内全13小・5中学校区において「地域とともにある学校づくり」と「学校（子ども）を核とした地域づくり」を両輪とした、持続可能なまちづくりを支えるひとづくりを実現する新たなつながりである「ひとづくりネットワーク運営協議会」を立ち上げ、活動を開始した。

　各協議会は、既存の地域学校協働本部や学校評議員会を母体にしている例が多いが、ネットワークの拡大や地域学校協働活動の充実に向けてメンバーの拡充を図り、現在は教職員、保護者、公民館職員、まちづくり協議会員、自治会役員、社会福祉協議会や放課後子ども教室、青少年を育てる会、家庭教育の関係者等、多様な立場の方々に参画いただいている。

　各協議会においては、地域学校協働活動推進員として委嘱された地域コーディネーターと各校の校務分掌に位置づけられた地域連携担当教職員等を中心に、協議会員による企画・検討会議にあたる「運営協議会」と、協議会員のみならず幅広い関係者や地域住民を巻き込んだ意見交換や情報共有を行う「懇談会」を適宜実施し、熟議を通して設定した「目指す子ども像」を実現する地域学校協働活動の充実につなげている。

　なかには、児童生徒が協議会や懇談会における熟議に加わる例もあり、一人の「井原"志"民」としての活躍する頼もしい姿も多数みられている。

　現段階では、市内の小中学校にコミュニティ・スクール（学校運営協議会制度）の導入はしていないが、各協議会において学校の経営方針や取組計画・内容を明らかにするとともに、地域や保護者のニーズを積極的に教育課程に反映するよう努めるよう各校に依頼しており、井原版コミュニティ・スクール的な

役割も果たしている。

　また、各協議会の代表者で組織する「井原市ひとづくりネットワーク運営協議会」をあわせて立ち上げ、全市を対象に協議会や懇談会を開催して本業趣旨の確認や各協議会における好事例の共有、講師を招聘しての研修などを設定し、関係者のベクトル合わせと資質向上を図っている。

(b) 総合的な学習の時間を中心としたカリキュラム・マネジメント

　このように地域と学校の連携・協働が進む中、学校が果たすべき一番大きな役割が、目指す子ども像の実現に向けた学習活動の充実であることはいうまでもない。そして、社会に開かれた教育課程の実現に不可欠なカリキュラム・マネジメントの軸となる「総合的な学習の時間」を、地域との共通理解のもとに地域の人的・物的資源等も有効かつ積極的に活用しつつ、各教科等で育成する資質・能力を相互に関連づけ、実生活や実社会で活用できる、各教科を超えた学習の基礎となる力（本市としては「井原"志"民力」）を育成しうる内容へ見直していくことは、各校における急務であった。

　本市においては、本事業開始初年度より市内の幼小中高の教職員を対象に「井原市カリキュラム・マネジメント研修会」を定期的に開催し、キャリア教育の充実につながる総合的な学習の時間のあり方の検討を進めながら、各校園におけるカリキュラム・マネジメントを支援してきた。

　本研修会では、本事業が目指す確かな職業観（ワーク）と豊かな人生観（ライフ）を身につける「ワーク＆ライフキャリア教育」の推進を念頭におき、ふるさと井原の「もの」、「ひと」、「しごと（こと）」に出会い、関わる機会を積極的に取り入れた、ふるさとの魅力や課題を知る（ふるさと教育の視点）とともに、ふるさとの魅力拡大や課題解決につながる取組に参画する（起業家教育の視点）活動を、地域で活躍する大人たちと一緒に取り組むことのできる学習単元の開発・導入を進めてきた。

　協議を重ねる中で、各校園のテーマや活動内容は千差万別で、設定の根拠が曖昧な例があること、長期にわたって内容の見直しが行われていない校園があることなど、切実な課題が浮き彫りになってきた。これらの課題を解決しつつ、

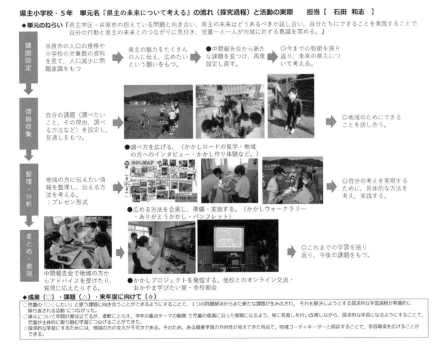

図7-3 県主小学校5年生 単元報告シート

新学習指導要領や本事業の趣旨の実現など、地域社会のニーズに合致した意図的・計画的かつ組織的な学習活動への改善には、発達段階に応じた共通のテーマや活動など、市で統一された目安が必要だとの結論にいたり、共通探究課題や共通探究素材を設定するとともに、ベースとなる学習活動をまとめる作業も行った。

さらに、各校園においては、全市で設定した共通探究課題や素材等を意識しつつ、探究的な学習の流れの中で育てたい井原"志"民力を明確にし、それを伸ばすために必要な、子どもの主体的な活動を引き出す仕掛け・工夫に焦点を当てて作成した単元計画をもとに取組を展開するとともに、互いに取組内容や成果・課題を共有しながらブラッシュアップを図ってきた。

その結果、地元で盛んにつくられている「かかし」について調べ、つくって

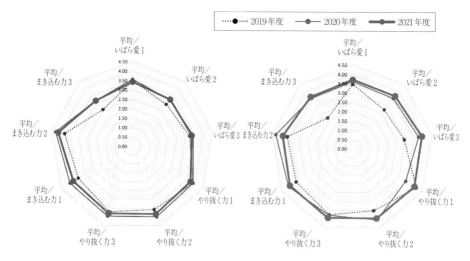

図7-4　井原"志"民力等調査結果より　左：市内小学校（全体）　右：県主小学校（全体）

いる人の想いにも触れながら、自らかかしをつくったり、地元においてあるか
かしをめぐるウォークラリーを企画・実施したりして地元の魅力を町外にも発
信しようとした県主小学校の実践（**図7-3**）や、コロナ禍で元気のないふるさ
とを元気づけようと「井原応援プロジェクト」を立ち上げ、地元の商工会議所
青年部とコラボして駅前イルミネーションイベントに参画した井原中学校の実
践は、岡山県教育委員会が掲げる「夢育」の推進に向け、小・中学生による地
域学習の取組を募集した「おかやま学びたい賞」にて最優秀賞、優良賞を受賞
するなど、好事例が次々と生まれている。

　また、本市では、「井原"志"民力」をキャリア・パスポートの自己評価項
目に反映させたり、授業等で活用できるアイコン（マグネットシート）を作成
して配付したりするほか、井原"志"民力のほかに幸福度や知的好奇心、地域
への想い等に関わる幅広い質問肢を加えた「井原市への関心度とテストで測れ
ない力の調査（井原"志"民力等調査）」を市内の小学4年生以上の全児童生徒
を対象に年1回実施した結果を各校にフィードバックするなど、身につけたい
力を意識した指導や評価につなげる手立てとして活用している（**図7-4**）。

3. 成果と課題

　本事業を進めてきた3年間は、コロナの影響で様々な活動が大きく制限されることとなったが、総合的な学習の時間を中心としたカリキュラム・マネジメントや社会に開かれた教育課程の実現に真摯に取り組んでくださる先生方や、地域の宝である子どもたちを地域ぐるみで育む活動に熱心に取り組んでくださる地域の方のご尽力により、井原"志"民の育成や井原"志"民力の向上につながる実践を数多く実施することができた。

　さらに、本市におけるひとづくりを応援・支援する個人・団体の組織化も進んでおり、学校や学校区からの要望に応じてゲストティーチャーやサポーターとして学習活動や地域活動を支えてくれる新たな志縁コミュニティといえる「井原Lovers」のメンバーも活躍している。

　また、このような魅力的な大人たちに支えられ、子どもたちの井原"志"民力にも変化が見られている。初年度を除いてコロナ禍という過酷な状況下における調査となり、平時の状況と比較して信憑性に課題があることを理解しつつ3年間の結果を並べてみたところ、学校間で多少のばらつきはあるものの多くの項目で向上が見られており、子どもたち自身が自らの行動、ひいては井原"志"民力の高まりを感じていることがうかがえる。「かかし」の取組を行った県主小学校区においても、地域と学校の連携・協働した取組の積み重ねが見事に成果として表れている。

　このように、ひとづくりに関わる大人と子どもの両者に、ひとづくりを通して行動や意識の高まりがみられることは、何よりの成果と考える。

　しかし、地域と学校の連携・協働体制の構築が進み、地域の実態に応じた地域学校協働活動が充実されつつあるものの、本事業の趣旨や、ひとづくりの重要性や取組内容が広く市民全体に周知・理解されておらず、学校を中心とした一部の関係者による取組にとどまっている感も否めない。

　今後は、これまで取り組んできた子どもたちに対するひとづくりをさらに拡充するとともに、これまでの取組をベースに幅広い世代をターゲットにしたひとづくりへと取組を拡大することで、子どもも大人もふるさと井原を活躍の場

にしながら、共に学び、よりよい未来を共に創り出すことのできる"共学共
創"の場を設定していくことで、本市が目指す市民総ぐるみによる「ふるさと
井原の未来を創るひとづくり」を一層推進していきたいと考えている。

1-8

【浅口市立寄島小学校】
寄島学園コミュニティ・スクールによる地域探究学習
「よりしま学」のカリキュラム開発

安田隆人 ●浅口市立寄島小学校

1．本実践にいたる経緯

　本校がある浅口市は、岡山県南西部に位置し、瀬戸内海の温暖な気候と豊かな自然に恵まれた、人口約 3 万 4,000 人の市である。寄島町は、瀬戸内海に面し、漁業の町として栄えてきたが、人口減少、少子高齢化が進み、地域の活性化が大きな課題となっている。

　寄島町には、公立の保育園・こども園、小学校、中学校が各 1 校園ずつ設置されており、以前より 4 校園で交流活動等を進めてきた経緯から、全体の呼称として、「寄島学園」と呼んでいる。そして 2019（令和元）年度に小・中学校でコミュニティ・スクールを設置し、2020（令和 2）年度から、4 校園の寄島学園コミュニティ・スクールとして活動をしている。

　2019（令和元）年 10 月にコミュニティ・スクールを設置し、今後、学校・家庭・地域が連携・協働して、寄島っ子の成長や寄島地区の活性化へ向け取り組むために、小・中学校の児童生徒、保護者、教職員、地域住民を対象に、育てたい子どもの姿、寄島の強み（魅力）と弱み（学校・家庭・地域の課題）について、アンケート調査を行った。

　その結果、育てたい子どもの姿として、「思いやりがある」、「自分で考え行動する」、「仲間と支え合う」などが多くあげられた。一方で、教職員を除く児童生徒、保護者、地域住民の結果では、「寄島を愛する」、「地域貢献」については非常に低く（**図 8-1**）、人口減少が進むこの地域では、大きな課題である

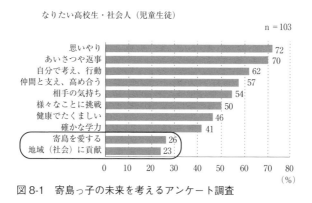

図 8-1　寄島っ子の未来を考えるアンケート調査

と感じた。

　また、寄島には、海の恵みや伝統文化・文化財といった多くの魅力がある一方、児童生徒の規範意識の低下や地域のつながりの希薄化といった課題も明らかになった。

　この結果を受け、小学校では、学校教育目標を「ふるさとに誇りをもち　心豊かで　たくましく　自ら学び実践する子どもの育成」と見直した（下線部追加）。そして、この目標を具現化するひとつの取組として、新学習指導要領の一丁目一番地である「社会に開かれた教育課程」の実現を、学校運営協議会で提案し、承認を得た。

　社会に開かれた教育課程を実現するにあたり、岡山大学 熊谷愼之輔教授、梶井一暁教授から「カリキュラムの可視化」や「どうやって保護者や地域の方を巻き込むか」、「カリキュラムに対して、地域の声やアイデアを取り入れること」など、指導助言をいただいた。

　また、貝ノ瀬滋は、「『社会に開かれた教育課程』の『開かれた』とは、学校と社会の連携・協力にとどまらず、課題や危機を双方が共有し、『社会総がかり』で地域課題の解決をも図っていくことを意味する。みんなが豊かで幸せな社会を創っていける人材を、教育課程を介して地域社会と『つながる』学校づくりこそが重要なのである」（貝ノ瀬，2018，p.9）と述べている。

　これらを受け、寄島学園コミュニティ・スクールでは、生活科・総合的な学習を核に、寄島の魅力（海）をテーマに、SDGs の視点を取り入れ、「寄島に親しみ、寄島を知り、寄島を見つめ、寄島に貢献・還元する」など、地域の魅力を生かし、課題を解決する学習活動を通して、問題解決力・コミュニケーション力等の非認知能力や、ふるさとに誇りを持つ子どもの育成を目指す、地域に開かれた教育課程「よりしま学」を開発することとした。また、開発する過程において、熟議等を実施し、地域の方々の意見を取り入れながら作成することを共通理解した。

2.　実践の概要

(1)　保こ小中の系統的なカリキュラムの作成（1 年次）

　開発へ向け、まずは小・中学校の教職員が、地域を知るために、4 つのチームに分かれ、フィールドワークを行った。そして、そこで得た様々な地域の教育資源を、「よりしま学」カリキュラムシートへ落とし込んだ。

　こうして教職員が作成したカリキュラムシートをもとに、教職員、保護者、地域住民、中学生、岡山大学の学生約 50 名で、どの学年でどのような地域の教育資源を生かせるのか、アイデアを出すためのワークショップを行った（図8-2）。

　アンケート結果からは、「地域の方から話を聞くことで、よりよい『よりしま学』が実践できると感じた」、「教育課程を、子どもの学びになり、未来につながるものになるように考えていきたい」など、教職員がまだまだ知らない地域の教育資源「ひと・もの・こと」など新たな発見があり、地域を含めたチーム寄島で、教育を創り上げることの大切さを感じることができた。

図8-2　寄島っ子の未来を考えるワークショップ

　このように、「社会に開かれた」という意味を考えると、教職員が机の上だけ

図8-3　5歳児から中学校3年生までの系統的なカリキュラムシート

で考えるのではなく、実際に地域フィールドへ足を運び、五感を活用して地域の教育資源「ひと・もの・こと」に触れることや、ワークショップ等により地域の方々の意見を聞いたり、学ぶ側の中学生の考えを聞いたりしながら創り上げることは、より魅力的で効果的なカリキュラムをデザインするうえで大変重要であることを実感した。

　こうして各学年が実践を重ねながら、地域の方々からの様々な意見等を踏まえ、「よりしま学」カリキュラムシートを作成し、学校運営協議会で説明した（図8-3）。その中で、地域の方から「保育園やこども園とのつながりも必要ではないか」と意見があり、保幼小接続を推進するためにも、2021（令和3）年度から、竜南保育園・寄島こども園5歳児の保育活動をプレステージとして組み入れ、子どもの学びの連続性を確保することとした。

　さらに、各学年は、年間を通した生活科・総合的な学習と教科・領域を関連

づけたストーリーシートや単元計画を作成し、実践を行った。

(2)「よりしま学」を通した非認知能力の育成（2年次）

　2年次は、1年次に作成した単元計画の内容等の改善を図ることを共通理解し実践することとなった。また、2020（令和2）年度に実施した評価システムi-check（東京書籍／**図8-4**）では、本校児童は全国と比較して「自己肯定感」が低いという結果が見て取れた。自己肯定感は、物事を前に進めるための原動力となり、人間力のベースとなる部分である重要な資質能力であることから、学校生活や「よりしま学」を通して、児童の自己肯定感を高める指導の工夫を研究することとなった。

　研究を進めるにあたり、岡山大学 中山芳一准教授に指導助言をいただきながら、まず、本校の「自己肯定感とは何か？」を捉えるために教職員でワークショップを実施し、

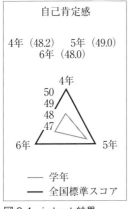

図8-4　i-check結果

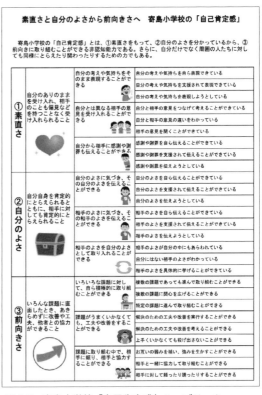

図8-5　寄島小学校「自己肯定感」ルーブリック

寄島小学校の「自己肯定感」を、「素直な心で自分のよさに気づき、前向きに取り組むことができる非認知能力」とした。それをもとにルーブリック（絶対評価を行うための指標）づくりを行い、さらにイラスト化したものを授業の中で活用しながら、主な単元や各学期等に振り返りアンケートを実施し、「自己肯定感」の向上に及ぼす効果を見取っていくこととした（図8-5）。

(3) 寄島小学校での活動の実際

(a) 第6学年「寄島歴史探検隊〜海とともに未来へ」

　寄島の「歴史」という視点から海との関係を捉え、海と寄島のつながりを探る活動を通して、地域への誇りと愛着を持つとともに、まちづくりへの参画意識を醸成する探究学習である（図8-6）。この探究学習が深い学びにつながるよう、教科等の関連では、社会科での歴史学習や、国語科での意見文「私たちにで

図8-6　6年生授業の様子

きること」や、調べた情報の用い方、伝えたいことの構成について考え発信する学習等で、コンピテンシーベースでの「つなぎ」を意識し、言語能力や情報活用能力、問題発見・解決能力等総合的な育成を目指している。

　これまで学んできた伝統文化や文化財などの寄島の歴史について、「ヨリペディア」（寄島歴史百科事典）を作成し発信するため、ひとり1台端末を活用し、グループでやるべきことを一人ひとりが自分事として、また協同して考えるなど、学びに向かう姿が様々な場面で見られた。

(b) 第4学年「キラリがいっぱい！　守れ　寄島の海と人」

　寄島の海岸で、キラリ（よさ）と残念（課題）を見つけ、課題となる海ゴミを何とかしたいという思いをもとに、主体的・協働的に探究し、寄島の海を見

図8-7　4年生フィールドワーク

図8-8　ふるさと学習トレッキング

つめ直し、故郷の海に自分事として向き合える児童の育成を目指している。

　青佐鼻海岸と三郎海岸で、地域の方々とともに何度もフィールドワークを行い、また、それぞれの海岸を守っている地域の方や寄島漁業協同組合の組合長さん、環境活動をされている専門家の方に、海ゴミの現状や、環境とのつながり、思いなどを聞き、寄島の海と人を守る探究学習を深めていった（図8-7）。

　授業の中で、一見目立つゴミがなく、きれいに見える寄島の海岸の砂にマイクロプラスチック（直径5mm以下のプラスチック）があるか、砂に海水を入れて混ぜる実験をした。混ぜて少し時間をおくと、マイクロプラスチックが浮き出て、児童は驚きとともに、これを魚が食べていることに怒りと恐怖をつぶやいていた。これら全てを人間が生み出したことに気づき、その問題点を自分の生活と結びつけて考えていた。

　また、4年生は、教科等の関連により、これまで青少年施設を活用し「山の学習」として行っていた特別活動を「よりしま学」とつなぎ、ふるさと学習（0泊2日）として、新たにカリキュラム・デザインした。

　この学習は、校歌に謳われている海抜約290mの竜王山へのトレッキングコース（約2km）を歩いたり（図8-8）、海水からの塩づくりや、かつて地場産業であった麦稈真田づくり体験をしたり、すべて地域の方々とともに、ふるさと寄島を学び、地域の大切な財産（ひと・もの・こと）に触れた価値ある体験学習となった。

3．成果と課題

　「よりしま学」を通して、自己肯定感の向上に及ぼす効果を見取るために、2学期初めと2学期末に行動指標と関連した振り返りアンケートを実施した（図8-9）。その結果を見ると、「よりしま学」実施後は、全ての項目においてほとんどの児童が肯定的な回答をしている。とくに自分の考えを伝えたり、課題解決のための工夫をしたりする項目には大きな意識の変容が見て取れる。様々な場面で、教職員が繰り返し行動指標を示しながら、認めて・ほめて・励ましてきたことや、地域の教育資源を有効活用した体験学習の充実、主体的で対話的な学びを取り入れた授業改善を行ってきた成果であり、「よりしま学」に限定した質問ではあったが、自己肯定感が高まったと考えてよいのではないだろうか。

　系統的なカリキュラムによる実践については、教職員が前学年とのつながりや、中学生ではさらに深く探究する子どもに育てるための授業デザインなど、学びの連続性を意識するようになった。また、地域の方々とともに学ぶことにより、地域の新たな課題や魅力の発見に出会い、子どもの学習意欲が向上し、主体的で深い学びにつながるなど、教育の質の向上への大きな一助になっているとも感じている。

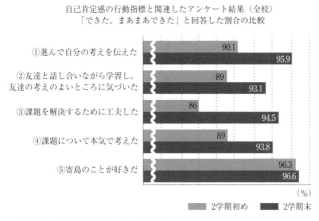

自己肯定感の行動指標と関連したアンケート結果（全校）
「できた、まあまあできた」と回答した割合の比較

①進んで自分の考えを伝えた　90.1 / 95.9
②友達と話し合いながら学習し、友達の考えのよいところに気づいた　89 / 93.1
③課題を解決するために工夫した　86 / 94.5
④課題について本気で考えた　89 / 93.8
⑤寄島のことが好きだ　96.3 / 96.6

（%）
■2学期初め　■2学期末

図8-9　振り返りアンケート調査

　さらに、子どもの地域に対する意識の変容とともに、教職員と地域の方々との人間関係も構築され、「よりしま学」に限らず、他の教科等でも地域との関わりを意識するプログラムづくりをするなど、地域の教育資源「ひと・もの・こと」を効果的に取り入れようとする意識も向上しているように思う。教職員の視野が学校外へと広がっているということである。

　一方、課題は「社会に開かれた教育課程」を持続可能なものにしていかなければならないことである。学習指導要領が時代の変化や子どもの実態、社会の要請等を踏まえて改訂されているように、社会に開かれた教育課程についても、時代の変化や子ども・地域の実態等を踏まえ、地域の方々の意見を取り入れながら、「教育課程を編成し、実施し、評価して改善を図る一連のPDCAサイクルを確立」（文部科学省，2015，p.22）していくことが重要ではないかと考える。

　「よりしま学」を通して、地域ぐるみで子どもの学びをサポートする体制により、子どもや教職員の意識や行動の変容につながり、さらに地域の方々の行動力にもつながっている。人が人を呼び、若い世代から高齢の方まで新たなボランティアの輪が広がり、地域に緩やかなネットワークが構築されはじめたのである。

　社会に開かれた教育課程は、子どもの学びを深めるだけではなく、子どもから大人までの人間関係を構築する。よき大人に出会い、よき大人から学んだ子どもは、地域の担い手意識が高まり、次世代の子どものために学びをサポートする大人に成長するのではないだろうか。

● 引用文献 ●

貝ノ瀬滋（監修），稲井達也・伊東　哲・吉田和夫（編）（2018）.「社会に開かれた教育課程」を実現する学校づくり 具体化のためのテーマ別実践事例15　学事出版.
文部科学省（2015）.　資料1　教育課程企画特別部会　論点整理

1-9

【高梁市立高梁中学校】
「高梁未来学」が創る子どもと地域の未来

福原洋子●高梁市立高梁中学校

　本校では、2021（令和3）年度から、地域を学びのフィールドとし、地域との協働によって進める学習を「高梁未来学」と名づけて教育課程に位置づけ、3年間を通じて計画的に取り組むことをスタートさせた。「高梁未来学」とは、教科等で学んだことや学校生活で身につけた力を生かしながら、地域を学習のフィールドとし、地域と協働して地域の未来と自分の将来・生き方について考える学習である。

1．本実践にいたる経緯
　「高梁未来学」を教育課程に位置づけ実践することとなった経緯は次のとおりである。

(1) 新学習指導要領の全面実施
　2021（令和3）年度から全面実施となった新学習指導要領の基盤となる考え方は、「社会に開かれた教育課程」である。よりよい学校教育を通じてよりよい社会を創るという理念を実現していくためには、生徒の学びを学校内に閉じるのではなく、社会とのつながりの中で学ぶことが大変重要である。また、地域社会のあり方自体が変化し、中学生が様々な大人の姿や生き方に接する機会が減ってきており、意図的に大人と出会う機会を設定する必要があることも強く感じていた。本県では、高等学校で地域の課題解決に取り組む探究型の学習

を「地域学」と名づけ、積極的に取り組んでいる学校が多いが、そこにつながる中学校での学習は十分であるとはいえない。とくに本校は、高梁市の中学生の約半数が通う学校である。今後、高梁地域の将来の担い手となる人材育成も本校の課題であることを考えたとき、ふるさと高梁への関心を高め、地域の課題を解決したり地域の将来を考えたりする学習を、全ての生徒が取り組める義務教育段階で実践することは大きな意味を持つと考える。そこで、新学習指導要領の実施に合わせて、各教科等だけではなく、総合的な学習の時間において、地域を学習のフィールドとした課題解決型の学習を設定し、新学習指導要領で求められる資質・能力の育成を図っていくこととした。

(2) コミュニティ・スクールの導入

　本校では、以前から「地域に開かれた学校づくり」の視点から、年3回の地域参観日を設け、保護者以外の地域の方にも学校や生徒の様子を参観していただき、学校への理解を深めてもらう取組を進めてきた。具体的にはまちづくり推進委員会や婦人会、老人会等の団体を通じて参観日を案内し、授業参観とその後の懇談を行ってきた。その一方で、地域の方が学校支援ボランティア等として中学校の教育活動等へ支援をしていただくような取組は実施しておらず、学校と地域の連携・協働については、進んでいるとはいえない状況にあった。

　そうした中、高梁市においては、全小学校に2019（令和元）年度末、全中学校に2020（令和2）年度末までにコミュニティ・スクールを導入することが教育施策の方針に掲げられ、市全体として「地域とともにある学校づくり」への転換が積極的に推進されることとなった。先にも述べたように、新学習指導要領で求められる資質・能力の育成にあたって、地域との連携・協働は欠かせないものであり、本校にとって、コミュニティ・スクールの導入は、非常にタイムリーで効果的な手法であることから、積極的に取り組んでいった。

　しかし、それまでの本校の実態を踏まえると、学校運営協議会を設置し、保護者や地域住民の方に学校運営や教育活動に参画してもらいながら教育の充実を目指していくためには、いくつかのハードルがあった。具体的には、教職員

の納得感と地域からの理解である。コミュニティ・スクールは、あくまで手段であり、学校として導入する目的を明確に持っていなければ効果は期待できない。とくに中学校においては、地域と連携することについて必ずしも理解が進んでいるわけではなく、実際に「地域と連携するとはどういうこと？」、「地域の人が学校に入ると生徒指導が増えるかもしれない」、「新たな研修が増える」といった声が本校でも聞かれた。こうしたことから、本校においては、導入の目的をキャリア教育の充実に焦点化し、地域と協働することの必要性や効果を教職員が実感できる教育活動をコミュニティ・スクール導入前から実践することで、導入への納得感を高めていくこととした。

　次に、中学校が地域との連携・協働を積極的に進めようとしていることをどのようにして地域の方に伝え、少しでも理解を深めていただくかということである。本校は5小学校から生徒が集まってきており、市中心部だけではなく、少し離れたエリアからも通学してきている。中学校の存在は、小学校とは異なり少し地域からは離れており、地域の中では中学生の姿が見えにくいと感じられる住民の方もおられる。そこで、地域の方に学校に入り支援していただくというよりは、生徒が学校から地域へ出て学習したり活動したりする取組を充実させ、中学生の様子を直接見てもらう機会を増やすことで、学校が地域と連携・協働しながら教育活動を進めようとしていることをわかっていただくとともに、学校がどのような生徒を育てようとしているのかを中学生の姿を通じて理解し応援してもらえるようにしたいと考えた。

2. 実践の概要

　これまで本校では、総合的な学習の時間において、1年生で「ふるさと学習」、2年生で「職場体験学習」を実施するなど、地域と連携した学習活動を展開してきたが、2020（令和2）年度からは、新たに3年生で「地域に貢献する」をテーマに、生徒自らが地域の課題解決に向けてアイデアを出したり、企画提案したりする「地域貢献プロジェクト」を実施し、地域の未来と自分の将来を考える学習に取り組むこととした。この結果、3学年全てに地域との連

携・協働による学習プログラムがそろい、3年間を通じて計画的系統的に学習を進めることが可能となった。また、2020（令和2）年度からは、校内に教員の課題別チームを編成し重点的な取組を進める体制づくりを行ったが、そのひとつにキャリア教育（地域協働）チームを設け、「高梁未来学」実施への準備を進めていった。

(1)「地域貢献プロジェクト」

　まずは、2020（令和2）年度にスタートした「地域貢献プロジェクト」について、実践の概要を述べる。

(a) 目的

・各教科や学校生活で学んだことを生かし、地域課題の解決等に主体的・協働的に取り組む探究学習を通して、地域貢献について考える。

・社会に出た自分の姿を想像し、自分の適性や将来の可能性を考える。

(b) 実施内容

　2020（令和2）年度は、実施にあたり、地域の12団体にご協力いただき、全体で19のプロジェクトに取り組んだ。当初は、地域の課題発見を生徒自らが行う予定だったが、地域を十分に理解していないと課題設定は難しいという事実に直面し、実際に地域（行政、事業所等を含む）が課題だと思われていることをプロジェクトテーマに設定し、中学生が解決していくという形でスタートした。生徒が地域課題を地域の方と共有し自分たちなりに理解することからはじめたことで、結果として地域の方と共通の土台に立ち、より主体的・協働的に課題解決に取り組むことができた。

　実際に生徒が企画書を作成・提案していく流れは、次のとおりである。

①協働の相手先となる団体・事業所等へ出向き、課題に関する説明や思いを聞き取る（図9-1）。

②生徒による情報収集や現地調査等を実施し、進捗状況や解決策等を相手先に中間報告を行い、その内容や進め方等への助言をもらう（図9-2）。

③最終提案へ向けてさらに探究を深め、最終のプレゼンテーションを行い、

図9-1　協働の相手から課題について聞き取る

図9-2　店頭でのアンケート調査

評価をしてもらう。

④学習全体のまとめを行い、プロジェクトを終えての自己評価と地域からの
　評価をもらい、振り返りを行う。

　このプロジェクトは、正解のない問いに対して、生徒自身が主体的に考え、
生徒同士や地域の大人の方と協働しながら探究していく過程が重要であるため、
教員はあくまで相談役に徹することとしたが、時には教員が生徒に教えられた
り、生徒の熱意と行動を実現するために教員自身が知恵を絞ったりと、教員に
とっても学びの多い教育活動となった。

(2)「高梁未来学」

　この「地域貢献プロジェクト」に取り組む3年生の生徒たちの様子は、他学
年の学習等にも影響を与えることとなった。義務教育段階の集大成として取り
組む「地域貢献プロジェクト」に、1、2年次の学習がつながっていくようこ
れまでの学習のあり方を検討し、組み立て直したものが「高梁未来学」である。
1年生で実施していた「ふるさと学習」については、自分たちで調べたことを
発表し合っていたものから、ふるさと高梁の人と活動について積極的に地域に
出て取材し、中学生自らが地域へ発信する形へと進化した。また、2年生の
「職場体験学習」は、体験することが目的のようになっていたため、課題を設
定して探究する学習に組み直して取り組むこととした。全学年とも探究とアウ
トプットを意識し、3年間のつながりを大切に組み立てた結果、2021（令和3）

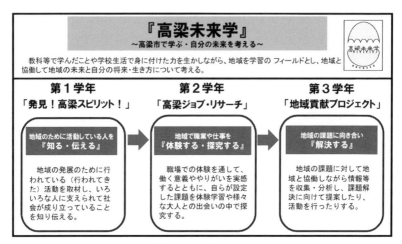

図 9-3　2021（令和 3）年度の「高梁未来学」

年度の「高梁未来学」は図 9-3 に示すような内容となった。これについては、学校運営協議会で説明し、委員をはじめ地域の方々との協働を積極的に進めながら取り組んでいる。

3．成果と課題

「プロジェクトを通して、自分たちで考え、解決していくことが大切だとわかった」、「活動はやりがいがあって、達成感がすごかった」、「プロジェクトを進める中で、自分は何が得意で何が不得意なのか知ることができた。さらに新たな得意分野も見えてきた」、「中学生としては、大人と同じように接してもらった貴重な時間だった」。これらは、「地域貢献プロジェクト」を終えた生徒の振り返りの一部である。予想をはるかに超えて生き生きと課題に取り組む生徒の姿や生徒自身の振り返りから、地域や社会のつながりの中で学ぶこと、地域の大人の方とともに考え課題を解決していくことが、どれだけ生徒たちにとって貴重な学びだったのかを教職員も実感することができた。

　今後の課題としては次の 2 点があげられる。1 点目は「高梁未来学」でどのような資質・能力をどこまで育成していくのか、教職員全員が評価基準を共通

理解し、生徒とも共有したうえで進めることが、資質・能力の積み上げには必要であるという点である。このことから、現在、「高梁未来学」のルーブリックを作成中であり、2022（令和4）年度からはこれを活用して学習内容・方法を検討し組み立てるとともに、評価を実施していく予定である。2点目としては、探究型の学習を組み立て指導していく教員の力量を磨くことである。目標を達成するにふさわしい探究課題の設定や課題解決の過程や方法、情報の収集・整理・分析、表現・発信など多様な一連の学習活動への指導力、さらには外部（地域）等との連携・協働を適切に進める力も求められる。また、「高梁未来学」を実践する土台として、教員間の協働性を高め学校としての協力体制を整えておく必要もある。

　「高梁未来学」としての学習がスタートした2021（令和3）年度の1年生が3年生でプロジェクトを実施する際、自ら課題を設定し解決できる力を育成していくとともに、より高いレベルで学校と地域が協働し成果を共有することで、子どもも地域も輝くようさらに取組を継続・発展させていきたいと考えている。

1-10

【新見市立草間台小学校】

首長部局・地域との協働による「社会に開かれた教育課程」で育つ子どもたち　～「草間台こども観光大使」の取組を中心に～

三上裕弘 ●新見市教育委員会生涯学習課

1．本実践にいたる経緯

　草間台小学校は、以前より地域との結びつきが強く、地域との様々な交流体験学習を行っていた。これらをもとにして、さらに教育課程を充実させれば、よりすばらしい教育活動に発展する可能性があった。

　筆者は、校長として草間台小学校に赴任する前に、新見市教育委員会生涯学習課に派遣されており、学校支援地域本部事業を担当していた。そして、学校教育課の担当者とともにコミュニティ・スクール（以下、CS）を市内に導入することにもなった。そのような立場から、予測困難な変化の激しい世界を生きる生涯学習社会においては、学校教育と社会教育・家庭教育が密接に連携し、社会総がかりで行う教育が重要であると確信した。また、生涯学習課での勤務は、教員である筆者にとって、行政（首長部局）の各部・課が実施している事業を知るよい機会にもなった。

　本校に赴任した後の2020（令和2）年には、小学校で新「学習指導要領」が全面実施となり、「社会に開かれた教育課程」がこれからの教育課程の理念とされ、加えて「外国語活動・外国語」も本格的に実施となった。

　そこで、研究仮説を「首長部局・地域と連携・協働し『社会に開かれた教育課程』を実施していくことで、広く深く豊かな学びが実現でき、教育の好循環を生み出すことができる」とし、研究に取り組んだ。そして、この仮説を検証するために、次の3つの取組を実践した。

2. 実践の概要

(1) 取組①〜「草間台こども観光大使」〜

　本校独自の活動である「草間台こども観光大使」は、岡山桃太郎空港で外国人の方へ、英語で新見市の観光PRをするという取組である。この取組のきっかけとして次のようなことがあった。

図 10-1　ピオーネ栽培学習

　本校では、長年の積み重ねにより、年間を通じて様々な「ふるさと学習」が実施されており、充実した活動となっていた。とくに地元特産のピオーネの栽培体験学習は、毎年3回の実習を20年近くにわたり継続していた（**図 10-1**）。しかし、せっかくの「ふるさと学習」の成果発表の場が、校内で保護者や地域の方に限られていた。そこで、新見市が先行実施していた外国語活動や、岡山桃太郎空港まで車で1時間半という立地であることを生かした、海外の方を対象にしたふるさと紹介活動を考えた。

　このような経緯で、「草間台こども観光大使」と称して、高学年（5、6年生）が岡山桃太郎空港へ行き、国際線（香港便および台湾便）利用者の外国人の方へ、英語で新見市のPRをする活動を企画した。

　ただこの企画は、学校単独では実施困難であった。というのも、活動場所までの輸送、空港や各種団体との折衝・協力依頼など、学校だけでは実現するのが難しい課題が多かったからだ。企画実現のため、様々な方面に相談してみたが、具体的な進展はなかった。

　そのような状況のなか、新見市首長部局にある商工観光課へ相談したところ、新見市の観光PR事業とも合致する内容だということで、協働して実施することになった。商工観光課と協働することにより、「岡山桃太郎空港」はもちろん、「JAあしん」や「千屋牛振興会」、「岡山桃太郎空港応援団」等とも協働して開催することができるようになった。

　そして、2018（平成30）年度10月に第1回「草間台こども観光大使」を実施し、2019（令和元）年度10月には第2回目を実施した。当日は、各種報道

機関の取材もあり、子どもたちは緊張
感のなか、海外からの来日者の方へ、
英語でふるさとのPRをし、充実した
時間を過ごすことができた（**図 10-2**）。

図 10-2　草間台こども観光大使

(2) 取組②〜社会に開かれた教育課程の編成〜

　首長部局の事業の中で協働できるものを調べ、教育課程に位置づけ取り組むことにした。「草間台こども観光大使」につながるよう、新見市をPRするという視点で、「ふるさと学習」を見直した。そこで、新見市首長部局の農林課が実施している「千屋牛教育ファーム体験事業」を本校のふるさと学習に取り入れ、中学年（3、4 年生）を中心に実施することにした（**図 10-3**）。これは、児童が千屋牛の子牛を飼育体験するという事業である。千屋牛は新見市の有名な特産品のひとつであり、身近な存在である。しかし近年、自宅や近隣で千屋牛を飼育していることはほとんどなく、実際に校庭で千屋牛の飼育を 2 週間にわたって行うことは、子どもたちにとって非常に貴重な体験となった。また、新見市健康づくり課の事業である「さあ歩こう！　クアオルト健康ウォーキング」にも取り組み、地元にある鍾乳洞「満奇洞コース」に参加した（**図 10-4**）。子どもたちは、カルスト地形の代名詞である鍾乳洞の魅力を体感することができた。

　このように首長部局と協働することにより、学校単独では実施困難な教育活

図 10-3　千屋牛教育ファーム事業

図 10-4　「満奇洞」ウォーキング

動でも実現可能なものとすることができた。また、中学年での「ふるさと学習」の豊かな学習内容を、高学年での「ふるさと発信」活動に生かす系統的な教育課程を編成することができた。

(3) 取組③〜コミュニティ・スクールを生かす学校〜

　新見市では、2016（平成28）年度から市内全小中学校がコミュニティ・スクールとなった。草間台地域ではCSの目標を、学校運営協議会での協議を通して「ふるさとへの愛着と感謝の思いの育成」と定め、ベクトル合わせ（何をテーマに協働するのか）をし、地

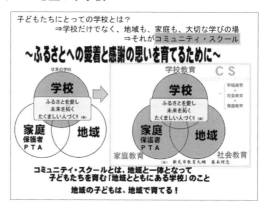

図 10-5　草間台 CS 概念図

域の子どもを育てることにした。

　また、従来の学校教育だけではなく、社会教育・家庭教育も大切な「生きる力」を学ぶ場であることから、草間台コミュニティ・スクールは、〔草間台小学校＋草間台上地域＋家庭〕の総体であるという「CS概念図」を定めた（図10-5）。

　加えて、草間台CSの目標である「ふるさとへの愛着と感謝の思いの育成」を達成するために、「コミュニティ・スクール in 草間台　年間計画」をバージョンアップし、学校運営協議会で共通認識を深めた（図10-6）。バージョンアップした年間計画は、学校だけではなく、家庭、地域でCS目標達成のために実施される活動を位置づけた表である。つまり「社会に開かれたCS教育課程」の年間計画である。

(a) 学校

　学校では、地域との交流体験学習や首長部局の行う事業等を、計画的に教

平成31年(令和元年)度　コミュニティ・スクール　in 草間台　年間計画　　～ふるさとへの愛着と感謝の思いを育てるために～　　新見市立草間台小学校

		4月	5月	6月	7月	8月	9月	10月	11月	12月	1月	2月	3月
学校（知る）	低学年 2年		野菜植え（JA）	豊永ほほえみサロン（豊永地区高齢者との交流）			地域の仕事学習（大原果樹園、JA大根選果場）		栄養教室（栄養改善協議会）		昔の遊び（土橋老栄会）		
学校（学ぶ）	中学年 3・4年	交通教室（交通指導員、警察）	・草間台学園運動会（保育所・保護者・地域） ・花植え交流（草間中央老人クラブ）	歯みがき指導（保健師・栄養委員） 不審者避難訓練（警察署） ・ピオーネ栽培体験（武岡裕和） ・毛筆指導（渡辺重彦）	合唱指導（中桐あや） ピオーネ栽培体験（武岡裕和）	1～3日 学習支援事業（新見高校）	・草取り交流（草間中央老人クラブ）2回 ・ふれあいフェスティバル（保護者地域との交流） 地震避難訓練（消防署） 陸上運動（渡部尚史） 合唱指導（中桐あや） ・ピオーネ栽培体験（武岡裕和）	交通教室（交通指導員、警察） 合唱指導（中桐あや） 陸上運動（渡部尚史） ・カルスト台地について調べよう（エコミュージアム・杉秀樹）	合唱指導（中桐あや） 体験お礼（武岡裕和） ・クアオルト健康ウォーキング（協働推進課）	・毛筆指導（渡辺重彦） ・豊永ほほえみサロン（豊永地区高齢者との交流）	・カルスト台地についてまとめよう（杉秀樹）		
学校（伝える）	高学年 5・6年			・保育所との交流（保育所） ・毛筆指導（渡辺重彦）			ミシン（[illegible]）	部活見学（中学校）		しめ縄づくり（草間中央老人クラブ） 非行防止教室（警察署）	租税教室（市役所）		
学校	学習参観		5／22	6／19	7／17		9／18	10／16	11／20	12／18	1／22	2／19	3／18
学校	読み聞かせ	4／19	5／17	6／21	7／19		9／20	10／30 読書集会（交流）	11／15	12／20	1／17	2／21	3／13
学校	クラブ委員会		花植交流（老人クラブ）					・茶道（山田卓志） ・グラウンドゴルフ（老人クラブ）	花植交流（老人クラブ婦人部）				
学校	校外学習等			3・4年ごみの行方（クリーンセンター　処理センター）	1～4年水泳指導（げんき広場にいみ他）		3・4年見学（消防署・警察署）	町探検（草間郵便局・草間JA他） 5・6年 草間台こども観光大使★（岡山旅太郎宣言、商工観光課、JA）with商工観光課					
家庭			・交通査察 ・草間台学園運動会	・学校保健委員会（PTA）学校薬剤師　角谷さん ・PTA救急法講習会	・夏休みプール開放 ・学校保健委員会小委員会（PTA）	★塩から子育成事業（5・6年学級支会活動　草間土橋青年団OB会　土橋FOS少年団　草間台エコミュージアム） ・古紙回収、奉仕作業	・クサマーフェスタ（PTA） ・学校保健委員会小委員会（PTA）	PTA人権教育講演会（杉原宏二さん）	・学校保健委員会小委員会（PTA） ・古紙回収 ・南中学校区合同学校保健委員会		学校保健委員会・学校医による研修会（PTA）		
地域	スポ少	年間通じての活動…通常練習、休日練習等（4月～6月） ・入団式、送る会 ・HCM杯・ライオンズカップ ・セムラスポーツ杯		・ライズカップ ・JC杯ソフト	・JA阿新杯 ・バレーボール新見大会	・納涼大会	・矢崎杯 ・長谷川紀念病院杯交歓交流大会 ・バレーボール新見大会	・県スポ少交歓大会 ・バレーボール新見大会	・奉仕活動 ・チャンピオンカップすずらん杯	・スポーツ少年団交歓交流大会 ・バレーボール新見大会		・バレーボール新見大会	・小旅行
地域	公民館				・書道教室	・寺子屋教室 ・わくわく科学ランド		・3世代交流ニュースポーツ教室	・人権学習講座（草間台ふれあい広場） ・小学生料理教室 ・親子凧あげ大会	・書道教室 ・しめ縄づくり教室		・造形ランド	
地域	公民館				・硬筆習字教室	・夏休みの宿題がんばろう会				・しめ縄づくり教室 ・クリスマス会	・恵方巻き教室 ・とんど祭り	・ひな人形づくり	
地域	草間					・納涼祭り		・岩山神社大祭	・文化祭 ・草間台ふれあい広場		・とんど祭り		
地域	土橋			・ほたる祭り		・盆踊り		・八門神社大祭 ・地区民運動会 ・長作（蛇）神楽	・土橋敬老会		・とんど祭り		
地域	豊永		・かたくりウォーク	・ほたる祭り ・ほほえみサロン		・盆踊り		・豊永地区敬老会	・地区民運動会		・とんど祭り		
地域	その他												

図 10-6　コミュニティ・スクールin草間台　年間計画

科・領域に位置づけた「社会に開かれた教育課程」を編成した。

（b）家庭（保護者）

　家庭（保護者）では、CS目標達成へつながる行事等を、主にPTA活動で企画し年間計画に位置づけるとともに、積極的に地域の行事へ子どもと保護者が一緒に参加することを確認した。

（c）地域

　地域では、公民館や各地域振興会での年間行事に、子どもたちを対象にした内容を多く加えるとともに、スポーツ少年団の活動等も位置づけた。

　このようにして、「社会に開かれたCS教育課程」に、学校・家庭・地域での活動を位置づけ可視化することにより、三者の協働も進み、社会総がかりでの教育を推進することができた。

　これにより、新見市教育委員会の事業である「塩から子育成事業」を、2019（令和元）年度には、地域組織である「草間・土橋連合青年団OBの会」と「PTA学級支会」が協働して主催することになった。名称を「草間台塩から子

育成プロジェクト」として、8月末に1泊2日で開催し、本格的な洞窟探検や飯ごう炊飯・スターウォッチング・竹細工などを通じて、テーマである「発見！　台上の魅力」に迫り、「ふるさとへの愛着と感謝の思い」を育成した（図10-7）。

図10-7　草間台塩から子育成プロジェクト洞窟探検

　また、PTA活動の恒例行事であった「サマーフェスタ」を、熟議を経て、新たに「クサマーフェスタ」と改め、地域の方々にも加わっていただき、各種出店形式の

ゲームコーナーやボードゲーム、
超巨大「そうめん流し」（全長
50 m）など、保護者・地域の
方々・子どもたち・教職員が一
体となって楽しめる行事とした
（図 10-8）。

3．成果と課題

(1) 取組①の成果

　図 10-9、図 10-10 のグラフ
は、「草間台こども観光大使」
実施後の児童アンケートの結果
である。「楽しさ」・「役立ち」

図 10-8　クサマーフェスタ

ともに肯定回答 90％以上であり、英語やコミュニケーション力、ふるさと学
習等について効果があったことがわかる。

　図 10-11、図 10-12 のグラフは、《取組①》実施後の全国学力・学習状況調
査の関連項目である。本校児童の肯定的評価は 90％近くあり、児童のグロー
バルな意識が向上していることが確認できる。

　次に、2019（令和元）年度に行った民間英
語検定結果を示す。本校の児童の英語力の高
さが確認できる。とくに、「聞く力」・「話す
力」が 2 学年集団に共通して高い。「草間台

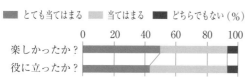

図 10-9　「草間台こども観光大使」について

図 10-10　草間台こども観光大使
は、何の役に立ったか？

こども観光大使」の取組が、英語学習へ大きな成果をもたらしたことがわかる（**図10-13**）。

　また、学校文集の「思い出の行事」欄には普通なら修学旅行や学習発表会などを書くところだが、「草間台こども観光大使が最も思い出に残った」と長文を書く児童も現れるなど、予想以上の成果を得ることができた（**図10-14、図10-15**）。

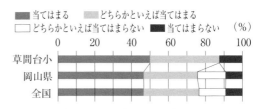

図10-11　日本やあなたが住んでいる地域のことについて、外国の人にもっと知ってもらいたいと思いますか？

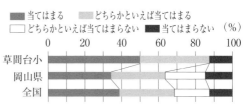

図10-12　外国の人と友達になったり、外国のことについてもっと知ったりしてみたいと思いますか？

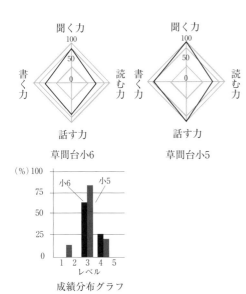

聞く力　読む力　話す力　書く力

草間台小6　　草間台小5

成績分布グラフ

図10-13　2019（令和元）年度　民間英語検定結果

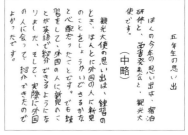

図10-14　「小5学級文集」より

図10-15　「小6卒業文集」より

表10-1　2019（令和元）年度学校生活アンケート（全校児童）集計結果［部分］

	質　問	よく当てはまる	だいたい当てはまる	あまり当てはまらない	まったく当てはまらない	肯定評価
1	学校は、楽しい。	57%	37%	6%	0%	94%
2	将来の夢を持っている。	69%	20%	9%	3%	89%
3	誰にでも元気よく、あいさつをしている。	40%	49%	9%	3%	89%
4	一生けん命がんばってそうじをしている。	69%	26%	6%	0%	94%
5	けじめのある生活をしている。	40%	46%	11%	3%	86%
6	授業中、しっかり勉強している。	58%	39%	3%	0%	97%

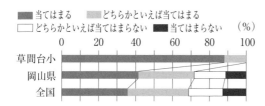

図 10-16　　今住んでいる地域の行事に参加していますか？

(2) 取組②、③の成果

　次の表 10-1 は、学校評価をするうえでの全校児童対象アンケートの集計結果である。各項目とも肯定評価が 86% 以上となっており、学校が楽しく、頑張っている様子が読み取れる。

　図 10-16 のグラフは、《取組》実施後の 2019（平成 31）年度全国学力・学習状況調査の関連項目である。本校の児童が、県・全国に比較し突出して地域の行事に参加していることがわかる。また、学校評価での保護者対象アンケートの質問項目「家庭では、地域や外部の行事等に参加させ、様々な経験をさせるようにしている」では、肯定的評価 96% と家庭教育との協働も確認できた。

　さらに、「地域や社会をよくするために何をすべきか考えることがある」については、肯定的評価が 62.5%（「当てはまる」は、37.5%）と高く、児童が自身の役割を認識するようになっていることが示されている（図 10-17）。

　自己肯定感、自己有用感については、グラフでもわかるように、「自分には、よいところがある」、「将来の夢や目標を持っている」がいずれも肯定的評価

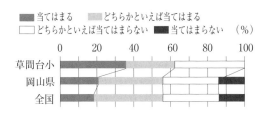

図 10-17　地域や社会をよくするために何をすべきかを考えることがありますか？

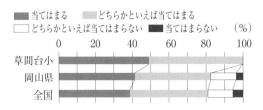

図 10-18　自分には、よいところがあると思いますか？

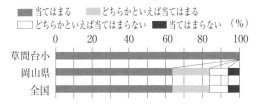

図 10-19　将来の夢や目標を持っていますか？

100％と驚くべき結果となった（**図 10-18**、**図 10-19**）。

　この結果が、《取組》での成果なのかを確かめるために、同一集団である「2019（令和元）年度小 6」の県および全国学力学習状況調査から経年変化を追跡してみたものが次のグラフである。いずれの項目も、《取組》前の H30 調査より、《取組》実施後の H31 調査で上昇している。このことから、本研究による《取組①、②、③》の成果であることが確認できる（**図 10-20**）。

　次は、2019（令和元）年度の県および全国学力学習状況調査結果から小学 4年生、小学 5 年生の国語・算数の標準スコアを、経年変化で取り上げた。小学 4 年生では、小 3 →小 4 で大きく向上している。また小学 5 年生でも算数での

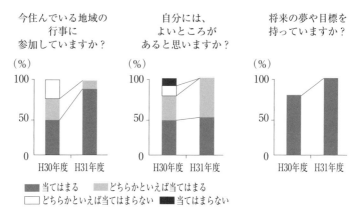

図 10-20　経年変化（県・全国学力学習状況調査より）

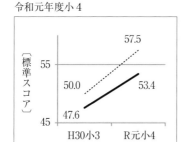 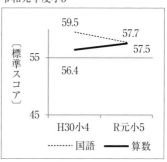

図 10-21　国語・算数の標準スコア（県・全国学力学習状況調査より）

　向上が確認できる（図10-21）。将来の夢や目標を持つことが、学力向上につながった要因のひとつではないかと考えられる。

　以上の結果により、仮説である「首長部局・地域と連携・協働し『社会に開かれた教育課程』を実施していくことで、広く深く豊かな学びが実現でき、教育の好循環を生み出すことができる」ことが確かめられた。

　しかし、首長部局の事業はいつ終了するかわからない。つまり、安定した教育課程の編成をするうえでは弱点となる。よって、首長部局とのより綿密な連携が必要であり、臨機応変に対応できる学校の柔軟さが求められる。

1-11

【瀬戸内市立美和小学校】
地域とともに学びをつくる熟議の会

平井倫子●瀬戸内市立美和小学校

1. 本実践にいたる経緯

　本校は、岡山県南東部に位置する、全校38名の小規模校である。豊かな自然に恵まれ、古墳、須恵器をはじめとした古代文化遺産が数多く残っている。2013（平成25）年に学校支援地域本部（現：地域学校協働本部）を立ち上げ、2017（平成29）年には地域ボランティアによる「美和ぽんち結のかい」が結成された。この「かい」は「会」と「懐」の2つの意味をあわせ持ち、「懐」は、地域が子どもたちを「懐子（ふところご）」と考えてくださっていることを表している。教育活動への支援、教育機会の提供のほか、毎月行う挨拶運動、33年の歴史を誇る「美和っ子太鼓」の指導など、本校の特色ある教育に貢献してくださっている。しかし、近年顕著に見られる地域住民の人口減少、高齢化、児童数の減少は大きな課題であり、美和学区住民にとって心の拠り所である美和小学校存続を望む声が多くあがっている。

　児童、保護者、地域住民、教職員が参加する熟議の会（主として美和ぽんち結のかい会員が参加）、拡大熟議の会（地域住民が誰でも参加可能）は、2020（令和2）年度から実施している。本校の教育の特色「地域とともに学びをつくる」ためには、広く地域全体を巻き込み、地域と課題を共有した学校づくりが必要だと考えたからである。

2. 実践の概要

(1) 2020（令和 2）年の実践

　6 年生の国語科「私たちにできること」の発展学習として、「こんな美和になったらいいな」のテーマのもと、「挨拶が自慢できる美和にするために」、「人と人の心がつながる美和にするために」、「美和の豊かな自然を守るために」の 3 つの取組を、熟議の柱に設定した。熟議の会で、参加者（美和ぽんち結のかい会員）は、美和のために児童が行動を起こそうとしていることに感銘を受け、真剣に耳を傾けてくださった。さらに、「大人ができることはないか」という視点からも考えてくださった。この意識の高まりを、美和学区全体に広げたいと考え、地域住民が誰でも参加できる拡大熟議の会へとつなげることにした。本校にとって初の試みであることから、まず学校が学区内の行政委員の家を訪問して会の説明を行い、参加者を募っていただくようお願いをした。PTA 研修のひとつにも位置づけ、保護者も主体的に関わる場とした。来年度この意思を受け継ぐ立場の 5 年生も参加した。当日は約 70 名が参加し、話し合いを行った。「子どもが美和の未来を真剣に考える姿勢に感動した」、「子どもが中心になると、みんなが前向きに考え、気持ちがひとつになった」という感想もいただいた。参加者からのアドバイスをもとに計画を進め、卒業までの 4 か月間で、6 年児童と地域住民が合同で行う「クリーン作戦」や「史跡見学」、「ありがとう郵便」、「挨拶トライキャンペーン」などの取組が実現できた。

(2) 2021（令和 3）年の実践

　昨年度の活動を間近で見ていた本年度の 6 年生は、今年度、以下のようにさらに焦点を絞ったテーマを掲げた。

(a) 展示会グループ：美和のみんなをつなぐ展示会をしよう

　休園している美和幼稚園校舎を使って「美和いこいの作品広場」を開き、地域の方から絵、手芸、写真、習字などの作品を募集、展示する。来場者にはコメントを書いてもらい、掲示する。コロナ禍で人と人が触れ合う機会が減っている今、この展示会を通して、美和学区の人と人のつながりが生まれ、絆が強

くなってほしい。

(b) 歴史自然グループ：歴史がいっぱいの自然豊かな美しい美和にしよう

美和に残る多くの史跡や美しい場所を掲載したマップをつくり、人が集まる場所に置かせてもらう。多くの人に美和の魅力を伝えたい。

(c) 防災グループ：防災対策が強い美和にしよう

美和学区は近年、災害による被害を受けていないため、危機意識の低い地域住民が多い。全国で想定外の災害が多発している昨今、「いつ、何をしたらよいのか」を考える行動計画「マイ・タイムライン」（国交省関東地方整備局「逃げキッド」を活用）を地域住民と一緒に作成することで、災害の怖さを認識し、自分事として捉えてほしい。とくに美和住民は高齢者が多いので、共助の意識を高めたい。

熟議の会では、児童が自分たちの考えを発表した後、参加者（美和ぼんち結のかい会員）から質問や意見をいただいた。自分たちが考えていなかった視点から多くのアドバイスを受けた児童は、取組方法をさらに練り直す必要を感じた。それと同時に、「地域の役に立ちたい」という気持ちが一層強くなった。2週間後に行う拡大熟議の会に向けて、発表内容をさらに充実させ、説得力のあるものに変えていった。また、地域の方に何を話し合ってほしいのかも明確にした。

拡大熟議の会は、72人が参加し行われた（**図11-1**）。展示会グループには、自作の手芸作品を持参してくださった方もいた。どうすれば多くの作品が集まるか、人と人がつながる展示会になるかを、真剣に話し合った。防災グループには、地域の消防団、市消防本部の方も自ら

図11-1　拡大熟議の会の様子

駆けつけてくださった。マイ・タイムラインの作成は、児童が参加者へレクチャーする形で行ったが、専門知識を持った方々のおかげで、地域の実情や災害時の公機関の働きも知ることができ、それを踏まえた災害対策を考えることができた。歴史自然グループには、地元の地理や歴史に詳しい参加者も多く、児童が作成した原案のマップには、新しい情報が書かれた付箋がどんどん貼られていった。完成したマップの活用方法についても話が盛り上がった。その様子からは、みんなが地域を愛し、地域の活性化を望んでいることが感じられた。会の最後には、オンラインで各会場をつなぎ、協議した内容の情報交換をした。

　それぞれの立場や年代の方々がいろいろな視点で考えを出し合い、45分間の話し合いがあっという間に終わったという印象だった。児童は、自分たちで考え出し熟考を重ねた取組だからこそ、大勢の大人に混じっても物怖じせず、自らの考えを堂々と伝えることができた。

（児童の感想）

・展示会を成功させて美和をつなぎたい！　という気持ちが強くなった。
・展示会のイメージがさらに膨らんだ。「あの人はこんなことが得意だよ」などと紹介してくださり、展示会開催に向けてやる気が出た。
・様々な視点から、わたしたちが知らなかったことや考えなかったようなことが聞けた。深く話し合うことができたので、うれしかった。
・災害対策には終わりがなく、人それぞれ答えが違っていた。いろいろな方からの考えを聞いたり世間話もできたりしたので、楽しい拡大熟議の会だった。また、機会があればお話を聞きたい。
・まだまだ美和の防災意識を高めるためにがんばりたい。他の災害についても考えていきたい。
・これからは、拡大熟議の会で学んだ「積極的に発信すること」、「実現すること」をがんばり、来年の6年生にもつなげたいと思う。

（参加者の感想）

・子どもたちが目標に向かって考えていてうれしかった。思っていることを
　気軽に話し合えてよかった。これをきっかけに学校と地域の人たちのつな
　がりが深まったらと思う。
・小学校が発信し、地域が元気になるとうれしい。
・子どもたちの自主的な学習、先生や地域の人たちを巻き込んだ話し合いに
　とてもエネルギーを感じた。
・子どもたちの取り組む姿勢、考え方などとても感動した。自分たちで気づ
　き、発展させ、地域に広げる力がとても大きくなっていた。子どもたちは
　『地域の宝』だと思った。
・子どもたちがパソコンを使いこなして発表している姿は、とても素敵でた
　くましかった。6年生のしっかりした姿や堂々と発表している姿を見て、
　すごいな、かっこいいなと思った。今後、私にできることは参加したい。
・知らないことを知ることができたり、地域の方の話が聞けたりしてすごく
　楽しく、参加できてよかった。
・6年生の発表を見て、成長に驚いた。これから中学生になり大人になった
　ときに、美和で育ち学んだことはきっと役に立つと思う。

　拡大熟議の会以降に、新しい情報や資料、アイデアを学校に持って来てくだ
さる方もおられ、この取組への期待や協力意識の高さを実感した。展示会グ
ループでは、ポスターをPTA役員が学区の様々な場所に掲示し、拡大熟議の
会参加者も、多くの住民が参加できるように声かけをして宣伝の協力をしてく
ださった（図11-2）。防災グループは、マイ・タイムラインの用紙に説明書を
添えて学区全戸に配布した（図11-3）。「冷蔵庫に貼っている。日頃、災害に
ついての心構えは忘れそうになるので、役に立つ」という声もいただいている。
歴史自然グループは、地域に住む民俗学研究者の方を訪問し、さらに詳しい情
報を収集した。研究者の方も、小学生に自分の持つ知識を伝えられたことを喜
ばれていた。完成した歴史自然マップ（図11-4）は印刷し、公共機関など外

図 11-2　展示会を終えて

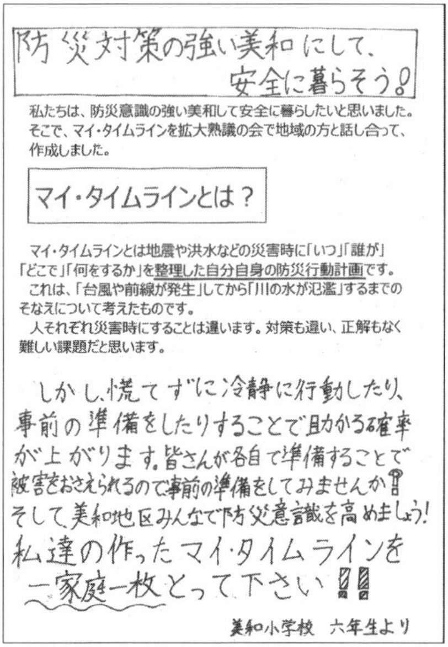

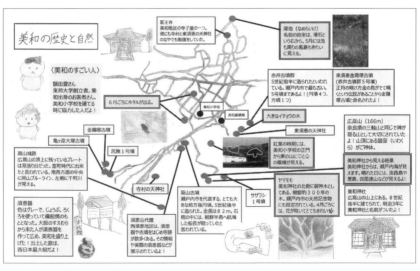

図 11-3　防災対策の強い美和

図 11-4　美和の歴史と自然

表 11-1　美和ふるさとアンケート

A：そう思う　B：どちらかといえばそう思う　C：どちらかといえばそう思わない　D：そう思わない	A	B	C	D
①美和が好きですか	80.0%	20.0%	0.0%	0.0%
②地域の大人の人と交流する機会がありますか （お祭りなどの地域の行事、スポーツ、遊び、勉強、話をする　など）	25.9%	29.6%	37.0%	7.4%
③美和に住んでいる方と、もっと交流をしたいと思いますか	50.0%	46.4%	3.6%	0.0%
④美和のことをもっと知りたいと思いますか	60.0%	40.0%	0.0%	0.0%
⑤美和のことを誇りに感じることはありますか	51.7%	48.3%	0.0%	0.0%
⑥美和をよくするために自分は何ができるか、考えたことがありますか	37.9%	37.9%	24.1%	0.0%
⑦学校と一緒に美和のために役立つことをしたいと思いますか	58.6%	41.4%	0.0%	0.0%

部の方が集まる場所に置かせていただいた。

3. 成果と課題

　これまで、地域の方々に見守られていることや環境に恵まれていることが、児童にとっては当たり前であり、郷土のありがたさにあえて目を向ける機会が少なかったが、拡大熟議の会後に実施した児童アンケートでは、「郷土愛」や「地域貢献」の項目で大幅な意識の向上が見られた。拡大熟議の会参加者に行った「美和ふるさとアンケート」結果（**表 11-1**）からも、地域の活性化を願う気持ちや地域貢献への意欲の高まりが見られた。保護者アンケートでも、ほぼ100% が肯定的回答であったが、小学生の間に育てたいと考える力の中では、「郷土愛」の優先順位は低かった。これまでは、学校便りや学校ホームページで本校の教育に関する情報発信に努めてきた。3月からは、学校運営協議会を設置し、コミュニティ・スクールのあり方について、保護者の参画意識を高め、地域住民と一緒に、さらに研究を進めていくこととしている。

1-12

【高島公民館＋高島小学校地域協働学校運営協議会】

公民館を中核とした
「社会に開かれた教育課程」へのアプローチ

塩瀬香織●岡山市立高島公民館

中江　岳●高島小学校地域協働学校運営協議会

1.　高島小学校地域協働学校の立ち上げ（記：中江）

(1)　高島学区の地域連携の実態

　高島学区は、岡山市街地から10km圏内にあり、商業施設、病院などの生活インフラ、さらに自然や文化史跡にも恵まれた地域であり、その中心に位置する高島小学校は児童数1,000人を超えるマンモス校である。

　2018（平成30）年度、高島中学校区に岡山市版コミュニティ・スクール「地域協働学校」の導入を検討することになり、中学校区の6つの学校園と関係する地域組織、支援団体からなる準備委員会が立ち上げられた。

　各校園とも、交通安全ボランティアや読み聞かせボランティア、餅つきやとんど祭りなど、地域住民やPTA等の各種団体と学校園が連携した取組はすでに多く存在していたため、地域協働学校の導入に際しては、これまで築き上げてきた関係性に基づく取組を損なうことなく、その継続を図りながら、それぞれを「目指す子ども像」の育成につなげることを共通認識として持ちながら協議を重ね、2019（平成31）年4月、地域協働学校が立ち上がった。

(2)　学校支援から地域協働への発展の必要性

　地域協働学校導入後は、各校園の協議会委員が一堂に会して情報交換等を行う「連絡会」を年2回開き、校種を超えた情報交換が行われた。これは、各校

園が、自らの取組を他校園の取組と比較し、評価することにもつながり、この点において、地域協働学校を導入したメリットは大きい。

　一方で、いわゆるコミュニティ・スクールに期待される、「学校運営に地域の声を積極的に生かし、地域と一体となって特色ある学校づくりを進めていく」という点に着目すると、学校運営や学校づくりに地域が主体的に参画するという点では、取組も、関係者の意識もまだその水準にあるとはいえず、さらに、新学習指導要領で求められる「社会に開かれた教育課程」の実現に向けては、教科横断的に地域資源等を積極的かつ有効的に活用する指導が求められているものの、その具体的な手法や、地域リソースの有無や活用の可能性について、学校と地域で情報や意識の共有がなされているとはいえない状況であった。

　そういった状況の改善に向け、2019（令和元）年度の高島小学校長と、当時PTA会長だった私が議論を交わす中で、「子どもたちが学校で学んだことを、地域、とくに公民館で実践する流れをつくろう」との共通認識にいたった。学校と地域の協働を深めるために学校のニーズと地域リソースをつなげ展開するコーディネート機能として、公民館の機能をフル活用するという意識が、この頃、学校にも芽生えていた。

2. 高島公民館のこれまでの取組と課題 （記：塩瀬）

(1) 岡山市の公民館が目指す姿や役割

　岡山市は、中学校区ごとに公民館を設置している。市域全体にある課題を10の重点分野として捉え、地域課題を解決するための人材育成や住民による地域づくりの推進、地域の文化力を高めるような持続可能な開発のための教育（Education for Sustainable Development：ESD）活動を進めてきた。

　2019（平成31）年3月に策定した「岡山市立公民館基本方針」には、その取組をさらに推進し、なかでも、新たに目指す公民館の姿や役割のひとつとして、地域を持続し、活動の持続性を高めるため、「若者・次世代」の参画を意識した取組を全公民館で進めることが記されている。

(2) 高島公民館のこれまでと課題

　2019（令和元）年頃の高島公民館は、講座の開催回数は 2,350 回で市内 3 位、年間利用者数は 4 万 5,000 人を超える状況であったが、その多くは高齢者で、さらに利用者の固定化が顕著であった。住民が公民館の事業に積極的に参画し、自ら学びをつくり出していく活動もあったが、関わる人は限られ、そのまま歳を重ね、後継者不在で活動が立ちいかなくなるものもあった。

　小・中学生については、小学生には公民館の主催講座としての体験教室の実施、その講座のサポートボランティアとしての中学生の活躍の場づくりが中心で、参加は、募集チラシ等を見た保護者が申し込みをするケースが主であった。

　学校との関わりとしては、小学 2 年生の公民館見学の受入れと、総合的な学習の時間の「地域の名人さん」を新たに探す際にクラブ講座生を紹介する程度のものであり、学校には、公民館とは「高齢者が文化的な学習を行っている所」というイメージが定着していた。

3. 教育課程と連動した防災講座の実施 （記：塩瀬）

(1) 教育課程と連動した講座ができるまでの道程

　小学生に公民館との接点を持たせるためには、保護者へのアプローチが不可欠であるが、現状では、その年代が、公民館を利用していない。

　その課題解決に向け、まず、今まで公民館を訪れたことのない保護者世代へのアプローチを仕掛けることにした。その世代にも訴求力があり、また地域づくりの観点からも重要で理解が得られるテーマとして、「防災」に行き着いた。

　折しも、平成 30 年 7 月豪雨がきっかけで世論が高まっていたことから、高島学区のように、過去に大きな災害の記録がなく防災意識が高いといえない地域でも、興味や関心を集められるのではないか。また、地域づくりにとっても重要な学習内容であるものの、現状では、町内会単位での自主防災会の中心は高齢の男性が多く、地域防災力の向上のためには、子育て世代の防災意識や知識を高める必要があるのではないか。そういった観点からターゲットを 30 〜 40 代に絞り、当時の PTA 会長と、防災教育に知見のある PTA 会長の知人を

アドバイザーとして招き入れ、
講座の検討をはじめた。

　防災講座は、「30代・40代の
防災を考える〜災害が起きる前
に私たちができること〜」とい
うタイトルをつけ、仕事を持つ
人も参加できるよう、夜7時か
らの開催とした。また、親子
揃って来館して別々のプログラ

図 12-1　防災講座　子どもプログラム

ムを受けられるよう、大人プログラムと子どもプログラムを用意した。大人プ
ログラムは、平成30年7月豪雨で被災した同世代の女性を招いての座談会、
子どもプログラムは、防災カードゲームやアルファ米の非常食試食などを実施
することとした。子どもプログラムにはPTAや近隣の高校にボランティアを
募った（図12-1）。

　講座には、小学生の保護者を中心に申し込みがあり、「夜なら仕事後に参加
できる」、「子どもを連れて来られるのはうれしい」と家族単位での参加も多く、
ターゲットを焦点化し企画することで、新しい利用者の掘り起こしが可能であ
ることがわかった。

(2)「6年生対象　災害想像ゲーム」

　次に仕掛けたのが、子どもを中心とした、学校の授業との連携であった。ア
ドバイザーと企画を練り、子どもたちの学びをより定着させる方法として、
「授業で基礎的なことを学んだ後、実生活につながる発展的な学習を公民館講
座で行う」という案をつくり、小学校長に提案したところ快諾され、教務主任
と連携し、以下の準備を進めた。

　(a) 授業の選定。年間計画の中から連動できそうな教科や学年を探して、6
　　　年生理科「変わり続ける大地」に決定し、6年団教員と打ち合わせ

　(b) 講座が授業の直後に実施できるよう日程調整。授業でチラシを配付

　それと並行して、公民館では以
下の準備を行った。

(a) 災害リスクが高い場所の調
　　査を行い、住民から話を聴
　　く

(b) 学区連合町内会、PTA、岡
　　山大学サークル 被災地支
　　援団体おかやまバトンに参
　　加を依頼

図 12-2　災害想像ゲーム（DIG）

　公民館の強みを生かし、幅広い年齢層、幅広い立場の人々が講座に関わるよ
うな状況を意識的につくっていった。

　当日は、各町内の白地図を使った「災害想像ゲーム（Disaster Imagination
Game：DIG）」を実施し、小学生、保護者、地域住民、大学生等、まさに住民
同士が学び合う場が実現した（図 12-2）。

(3) 成果と課題

　講座の様子を見に来ていた教務主任は、「こうした取組が全教員に伝わり認
識されるには時間がかかるが、授業での学びを深めることで、児童の教室とは
違う面を見ることができる大切なこととして、地道に積み重ねていきたい」と
感想を述べた。教員からこのような感想が聞け、公民館が「学校と地域をつな
ぐ存在」になる可能性を見出せたことは、私自身にとっても大きな収穫だった。

　一方、公民館は、学びたい人が学ぶ場所であるがゆえに、参加者が限られて
しまい、学校のように全員にその機会を与えることが難しい。それを補い、よ
り多くの児童に学習を還元する事後活動として、「フォトウォークラリー・た
かしま防災編」を実施した。防災講座に参加した児童が、学んだ危険箇所等を
実際に歩いて撮影、それを地図上に配してプリントを制作し、全児童に配付し
た。各児童に、ウォークラリー形式で楽しみながら、危険箇所を学んでもらう
仕組みである。

(4) 今後の展望

学校の授業との連携を行うことで得られる効果として、次の4点を実感した。

・学習内容の定着だけでなく、活用する力の育成につながる。

・参加者の実践的な防災対応能力の育成が期待できる。

・地域住民同士が学び合うことで、地域の防災意識が高まる。

・地域への愛着が深まる。

最初は、ひとつの学年の一部の児童だけにすぎない取組でも、継続することで他の学年や教科へ広がり、さらに認知されていく。地域住民も含め多くの人が主体的に関わることで、子どもたちの豊かな学びを地域でサポートしていける。そういった姿の実現には、さらに様々な人と対話を重ね、その中でヒントを得たり、アイデアを出し合ったりしながら活動をともにつくっていく必要がある。

4. 協働に向けたさらなる関係性の構築 (記：塩瀬・中江)

(1) 先駆的取組から学ぶ研修会の実施

地域学校協働には、学校と地域双方が「社会に開かれた教育課程」について共通のビジョンを持つ必要があるが、先に紹介した授業と公民館講座の連携も、一部の教員にはその有用性と可能性が理解されているものの、全教員に波及しているとはいえず、協働に向けた対話の場面も限られていた。

そこで、公民館と学校が連携・協働して成果を出している具体的事例を知ってもらう、さらにはその当事者から直接そのノウハウを聞く場面をつくってはどうかと考え、全国的にも先駆的な地域から学ぶ研修会を企画することとした。

そして、学校が夏季休業中の2021（令和3）年8月、長野県飯田市公民館とのオンライン研修会が実現した。高島学区からは、小学校教員12人、地域住民10人、行政職員7人が参加し、前半に飯田市公民館の取組事例紹介、高島公民館の取組事例紹介、質疑応答で理解を深めた後、後半は高島学区の参加者でのグループディスカッションを行った（図12-3）。

これまで学校とは、校長をはじめとした管理職とのやり取りが中心だったが、

図12-3　オンラインでの実践発表

この研修会には地域連携担当教員も参加し、彼らと公民館との接点が生まれた。彼らからも「公民館のイメージが変わり、可能性を感じた」と前向きな感想が得られ、今後の協働に向けて、実践的な検討ができる期待感が持てた。

(2) まとめ

　学校と地域が、子どもたちの豊かな学びのために協働するためには、学校長のビジョンとリーダーシップがその原動力となることはいうまでもないが、実際に子どもたちに授業を展開する担任等各教員が、その有用性・可能性を理解することが重要だ。そのうえで、地域側にも、主体的に学校経営に参画しようとする意識が求められる。

　協働を進めるうえで、学校のニーズを踏まえることはもちろんだが、学校が気づけていないものや、個々の教員がそれぞれで持っている困り感やアイデアなどを掘り起こすためには、地域側からの提案や、対話の場面が不可欠であろう。

　さらに、持続的な取組にするためには、一人の突出したコーディネーターに依存する形ではなく、地域の社会教育の中核を担う公民館の機能を最大限活用し、本来的な業務として協働の仕組みに組み込むことが有効ではないか。

　今後も、学校と地域、その接着剤としての公民館が多くの対話を重ね、同じビジョンを描きながら、子どもたちの深い学びにつながる協働に取り組んでいきたい。

COLUMN ❷

「社会に開かれた教育課程」と防災教育

木下史子●岡山教育事務所生涯学習課

　予測困難なこれからの時代を生きる子どもには、多様な人々と協働しながら様々な社会的変化を乗り越え、豊かな人生を切り拓き、持続可能な社会の創り手となることが求められている。また、よりよい学校教育を通してよりよい社会を創るという理念を学校と社会とが共有してその実現を図っていく「社会に開かれた教育課程」が重要である。

　ここでは、防災教育という視点で「社会に開かれた教育課程」を考えてみたいと思う。

視点1　「地域教材としての防災教育」

　比較的、災害が少ないと思われていた岡山県でも平成30年7月豪雨をきっかけに、日頃の防災体制の見直しが進んでいる。たとえば、吉備中央町立大和小学校では、学校が立地している周辺はハザードマップ上で危険箇所がなかったが、地域住民から「ハザードマップに載っていないため池や危険な場所がある」と指摘された。地区にはため池を管理している住民がおり、大雨が降った際には地区の様子が一変するという。平成30年7月豪雨の際も多くの情報が学校に寄せられた。地図に名前が載らないような小川や用水路の危険性や大雨が降れば地下から水が噴き出す場所など地域住民の経験をもとに地域の危険箇所について、公民館関係者を中心に災害リスクを調べて防災教育に取り組んだ。

　地域の災害リスクを学ぶには、ハザードマップ等の科学的知見だけでなく地域住民の声や災害史を知ることがとくに重要である。防災教育は学校教育活動

全般で取り組んでいるが、学校の限られた時程内では、学ぶことに限界がある。そのため、地域にある最も身近な学習拠点である公民館でより体験的に防災を学ぶことができれば、学習指導要領で述べている「地域の人的・物的資源を活用して、放課後や土曜日等を活用した社会教育との連携を図るなど、学校教育を学校内に閉じずに、その目指すところを社会と共有・連携しながら実現させる『社会に開かれた教育課程』」が具現化されるのではないか。

　公民館は、住民の学習ニーズや地域の実情に応じた多様な学習機会の提供が行われている。また、昨今、頻発化・激甚化する気象災害や地震に対して地域や公民館における防災の取組が増えている。公民館などの防災講座と連携し、公民館講座で学んだことを学校の防災教育や避難訓練に生かしたり、コロナ禍で学校での体験活動が制限される中、公民館で防災キャンプや防災訓練を少人数で実施したりすることができる。まずは学校の防災教育や避難訓練がいつ、どのような内容で行っているか、公民館はどんな社会教育資源を持っているか相互で情報交換することが第一歩であると考えている。

視点2　「シチズンシップ教育としての防災教育」

　「社会に開かれた教育課程」の「社会」とは、単に地域社会だけではなく未来社会も指している。地域教材として「地域を」学ぶ目的の学習だけでなく、地域のために働く地域住民と一緒に活動することで「地域で」学ぶ手段として防災教育を考えてみる。

　平成30年7月豪雨により小田川堤防が決壊し被災した矢掛町中川公民館では、防災キャンプや防災訓練などを通して、子どもと地域住民が共通の防災意識を持ち、子どもも地域の一員として防災活動を実施している。こうした経験の積み重ねが、将来の社会全体の安全意識の向上や安全で安心な社会づくりに寄与する地域住民づくりにつながる。とくに、被災地においては、被災体験を「災害文化」として語り継ぐことで、次の災害に備え未来の命を守る伝承活動となる。また、未災地であっても、ため池や用水路の樋門を管理している住民の日頃の地域活動を知ることにより、地域の大人が相互に協働して地域の安全

を維持している姿を見て、子どもが学ぶ機会となる。防災教育は、単に自らの安全を確保することのできる基礎的な資質・能力を身につけさせることだけが目的ではない。自ら進んで安全で安心な社会づくりに参加し貢献できるようになるためには、地域における防災活動や共助の仕組みを学び、自分はどう地域と関わるのかといった、防災を自分事とする場が必要となる。「安全で安心な生活」のために大人も子どもも関係なく、学校も公民館も垣根なく地域総ぐるみで共通の課題である「防災」に取り組むためには、「社会に開かれた教育課程」の視点で学校の防災教育を軸に地域の防災活動と連携し、学校で学んだ知識を地域で生かし、地域で学んだ経験を学校で生かす学びの往還を生むことにより、変化の激しい時代を生き抜く資質・能力を育成することができる。

　昼間人口が労働世代の流出により高齢者世代中心となっている地域の場合、防災教育を通じて災害時に活躍できる子どもを育成することは、地域の共助に大きく貢献するものと期待される。また、子どもにとっても自分が人の役に立てるという自己有用感を得て、地域の中で自分の力が発揮するようになる。ふだんから子どもも地域住民の一人として地域の防災に関わることや子どもが活躍できる場を大人が意識して設けることにより、安全は人から与えられるものではなく、市民として自ら安全な社会を築いていこうとする力を育むことができる。

　防災教育は、まさしく「社会に開かれた教育課程」の理念に大いに通じるものと考えている。

1-13

【岡山県立真庭高等学校落合校地】
MANIWAの真ん中にはI（愛）がある
真庭 Try & Report（TR）の実践

森年雅子 ●岡山県立真庭高等学校落合校地

1. 本実践にいたる経緯

　地域の高齢化に加え、人口減少が進む中、本校に入学してくる生徒は人間関係が固定化され、狭いコミュニティの中で自己形成を行っている。そのような生徒に対して、自分がどう社会と関わり合いながら生きていくか、どんな強みを持って社会参画していくのかについて、体験を通して学びを深める授業として総合的な探究の時間（真庭 Try & Report：通称 TR）が存在している。田村・廣瀬（2017）は総合的な探究の時間について「学校教育目標との直接的な関係を持つ唯一の時間として教育課程上に位置付けられ、各教科等を横断して資質・能力を統合する教育課程上の役割を担い、学校独自のカリキュラムをデザインするという『教育課程の起点』」と捉える重要性を述べている。

　TR では、論理的思考力、ねばり強さ、協働性、地域参画力の4つの力を身につけさせようと、1年時には「HOW TO LEARN（ものごとを調べ、まとめる方法を学ぶ）」、2年時には「WHAT TO LEARN（自分で課題を設定し、調べる）」、3年時には「HOW TO LIVE（進路実現・卒業後の生活のために学ぶ）」といった段階的な指導を試みている。とくに、1・2年時はグループ活動を主とし、3年時には1・2年時で得たことをベースに各個人で学びを深めていく。いずれの学年においても、五感を通した実体験で生徒の学びの質や量を向上させたいというねらいがある（図 13-1）。

図 13-1 真庭 Try & Report（TR）の概要

　多くの教師が学校教育目標に示している目指す生徒像を達成するには、地域と連携して協働することが重要であると認識している。しかし、学校と地域をつなぐ地域コーディネーターが配置されていなかった本校において、地域とのコネクションがなく、どこに連携依頼をすべきかが不透明であったり、そもそも地域理解に乏しかったりと、教師のネガティブな認識が生徒の活動を制限してしまっていた。このような背景から、本校では地域との関わり方について見直し、ミドルリーダーを中心に地域との協働体制を構築することとした。そこで鍵となったのが"地域合同ミーティング"である。

2. 実践の概要

　本校では、毎年それぞれの学年で TR のテーマを決めている。2021（令和3）年度は「MANIWA の真ん中には I（愛）がある」というテーマで、自己理解・他者理解を深めながら地域の課題に目を向け、解決策の提案等を通して地域に貢献できる人材育成を目指し、生徒たちは様々な探究活動に挑戦した（表13-1）。

　社会で必要となる知識や技能を学ぶ機会は、学校や家庭、本やインターネッ

表 13-1　探究活動テーマ例

テーマ（【　】はカテゴリ）	地域協力者
【建築】空き家を有効活用するために〜エキマエノマエ〜	合同会社わっしょいボヘミアン
【農業・食】食品ロスについて〜私たちにできること〜	株式会社 HAPPY FARM plus R
【広報・写真】真庭市のいいところ！	真庭市総合政策部秘書広報課
【環境】真庭市とゼロカーボンと僕たちの繋がり	真庭市生活環境部環境課 富士通 Japan 株式会社
【教育】障がいを持った子どもたち〜一人ひとりの個性を大切にするためには〜	放課後デイ ピタゴラスグループ 岡山大学教育学部
【福祉】地域の団らんの場を作る〜住みやすい地域を目指して〜	有限会社サンライズ 真庭リバーサイドホテル
【地域活性】よすがプロジェクト〜シェアハウス作りで人の輪を広げる〜	leal.lab 真庭市交流定住センター
【防災】災害時の衛生について考える〜消毒づくり〜	真庭市地域おこし協力隊・自衛隊
【国際文化】外国人お助け隊	久世公民館

トからの情報に限らない。相互交流が生じる環境の中でこそ、新たな発見や思わぬアイデアが生まれ、問題解決につながるものである。そして生徒・教師・地域のそれぞれのコミットメントが強ければ強いほど創造性が豊かになり、学びの場の質が高まると考えられる。そこで、真庭市役所をはじめ、公民館、真庭市地域おこし協力隊、一般企業、保護者等に TR への協力依頼をし、地域合同ミーティングを行ったうえで探究活動を進めることとした（以下、地域住民を地域協力者と表記する）。

(1) 地域合同ミーティング

　地域合同ミーティングには、TR に携わる教師たちと地域協力者が参加し、TR のねらいや年間指導計画、生徒たちが挑戦したいことや期待していること等をまとめた資料をもとに、共通認識を図った。地域協力者からは「子どもの想いが事前に把握でき、あらかじめ相談できる場はありがたい」、「高校生に地域に誇りを持つプロになってほしい」と前向きな意見を頂戴した。講師料や交通費等の問題も懸念していたが、「高校生と一緒に地域を盛り上げられるのだ

から、いらないよ」と思いもよらない言葉も出てきた。また、「どこまで口を出していいの？」という地域協力者からの声で、"生徒に活動の価値づけやつまずきの意味を見出させることは教師の仕事である"という学校と地域協力者との役割のすみわけも明確にすることができた。参加した教師たちは「どちらか一方に負担があるのではなく、一緒に伴走してもらえている感覚がありがたい」と前向きに捉え、生徒の成長が例年より期待できるスタートとなった。

　また、この地域合同ミーティングでは、地域が学校に求めていることの一部も捉えることができた。それは、"職業人としてのプロフェッショナル"に限らず、卒業後、県外・国外に出ても真庭市を大切にできる"パートナーシップ・メンバーシップを持った大人"に育ってほしいという願いであった。地域協力者たちは、地域への愛着はもちろん、高校生に生きるということがどういうことかを肌で感じてほしいという強い想いを抱いており、経済を回している一員であるという自覚や、よりよく生きるための社会の仕組みに気づいて暮らしを改善すること等、自分事として捉える力を身につけることを期待していた。このような想いを教師が知りえたのは、今回行った地域合同ミーティングのおかげである。

(2) 地域をフィールドとした探究活動

　教師同士が自らの教育観をぶつけ合い、可視化させた目指す生徒像（図13-2）を地域協力者とも共有することで、同じゴールに向かって子どもたちをともに育てるパートナーとなることができた。その背景には、教師一人ひとりが目指す生徒像を地域協力者に自分の言葉で語れることにポイントがあった。この目指す生徒像は、教師や地域協力者を含む大人たちのねらいと生徒の実態を捉える指標となり、活動の振り返りを行う場面においても有効であった。

　活動が多岐にわたる中、地域協力者と教師が密に連携を取り、生徒にとって最も効果的な方法で教育活動を進めるには、どのような手立てが有効かについてともに考えることで、学校関係者だけでは思いつかなかったアイデアや学校では体験することができない五感を通した実体験を授業の中に組み込むことが

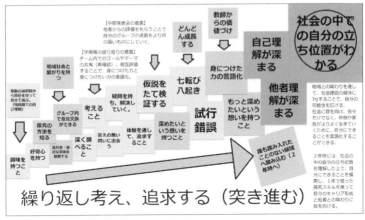

図 13-2　TRで目指す生徒像

図 13-3　地域と連携した教育活動の様子

できた。教師自身も初めて知ったり、体験したりすることがあり、生徒ととも
に地域に育てられている感覚さえあった。学校と地域が同じゴールを見据えて
教育活動を行うことで、生徒たちには社会に貢献できているという自覚が芽生
え、自己肯定感も向上した（図 13-3）。

3．成果と課題

　これまで、生徒は探究学習を学校内で完結してしまうような調べ学習で終わらせてしまったり、地域との単発的な関わりで社会課題を自分事として捉えられなかったりと、様々な問題が生じていた。今回、単に地域資源を課題解決のための道具や手立てとして消費するのではなく、学校と地域が生徒をともに育てるパートナーとして協働関係を築き、目指す生徒像の浸透を図ることでそれぞれの役割を明確化させ、教育活動を展開していくプロセスは、まさに社会に開かれた教育課程を実現させることができたといえる。とくに地域合同ミーティングのような、学校と地域が互いに子どもたちの未来について考え、目指す生徒像の達成のために対話を繰り返し、長期的な見通しを一緒に立てていくといった体制づくりは非常に重要である。

　地域をフィールドとした探究学習には人材育成、生涯学習の基礎の構築、そして研究機能があると考えられる。高校卒業後、地元地域で生活を送る生徒も多く、また、いったんは都会に進出しても地方に U ターンする若者も増えている。そのため、愛郷心や自己効力感、内的統制感を育む地域の教育力は地域の活力と比例するのではないだろうか。そして、多様な人々との関わり合いで高校生の段階から高度な学びを深め合うことができ、生涯学習者として自己と社会の well-being を追求する態度の育成が可能である。また、真庭市のように大学等の大きな研究機関がない地域だからこそ、地域課題に対して高校生が積極的に解決策を提示し、学校の枠を超えて地域とともに高め合うことができると考えられる。

　一方で、地域コーディネーターの存在の大きさを感じている。既知のとおり、学校内のみで行う教育活動には限界があり、少子高齢化や AI の急速な発達による産業基盤社会や労働環境の変貌など、めまぐるしい変化が進む中、21 世紀を生き抜く資質・能力の育成を目指すには、やはり地域や社会の力、とくに産官学の連携が必要であることはいうまでもない。今や高校生には、単に知識を覚えていることより、調べたことを使って考え、情報や知識をまとめて新しい考えを生み出す力や、多様性を生かして、問題を解き、新しい考えを創造で

きる力が求められている。地域コーディネーターが配置されていない学校については、学校教育目標をもとに、地域の特色にあった地域と学校の協働活動を推進するリーダーシップ、地域とのネットワークづくりを促すコーディネート能力、地域資源や課題を生かした授業をデザインする能力、効果的な学びの場を企画・運営するファシリテーション能力等を有するミドルリーダーが、学校と地域をつなぐキーパーソンとなるだろう。

● 引用文献 ●

田村　学・廣瀬志保（2017）.「探究」を探究する──本気で取り組む高校の探究活動──
　　学事出版.

1-14

【岡山県立誕生寺支援学校】
地域に「夢」と「元気」を届けたい

坂　孝博●岡山県立誕生寺支援学校

1．学校紹介

　本校は1971（昭和46）年に岡山県立初の知的障害のある児童生徒を対象とした養護学校として久米南町に開校した。現在は、肢体不自由部門を併置し訪問教育も行っている。県北東部の12市町村を学区とし、その面積は佐賀県を上回る広さがあり寄宿舎も設置されている。

　本校の掲げた「なかよく　げんきで　がんばる子」の理念は、多様な学習活動や体験活動を通して児童生徒一人ひとりのよさや可能性を伸ばす教育課程に脈々と受け継がれている。また、学校目標である「人や社会とのつながりを大切にし、豊かな人間性や社会性を育み、自立し社会参加できる児童生徒の育成をする」に基づき、地域に根差し「人との関わり」を大切にした教育活動を進めている。

2．地域との結びつきの組織的な整備

(1) 開校当初より

　久米南町の山を自衛隊が切り開き学校が建設された。婦人会が炊き出しを行い、老人クラブで周辺に桜の木を植えるなど、地域に歓迎されて開校した。また、学校の周りを校外歩行する様子を見た地域の方々が、「学習指導はできないが歩くことはできる」と一緒に歩く活動がはじまった。その後「連日家に帰

れず寂しい思いをしている寄宿舎生の子どもたちを少しでも楽しませてあげよう」と一緒に歩く交流会が企画された。この企画は地域住民が主体となって行う「地域との交流会」として発展し、2021（令和3）年度で36回目を迎えた。他にも地域の学校等との学校間交流等が盛んに行われてきた。

(2) 学校支援地域本部の設置

　2012（平成24）年10月に学校支援地域本部（現：地域学校協働本部）を設置し、運営委員会を「がんばるぞ誕生寺ネットワーク委員会」と名づけて運営してきた。現在も2名の地域学校協働活動推進員が週1日出勤している。

　地域学校協働本部の活動目的のひとつは、授業目標を共有し教員と協働して子どもの育成を図る地域人材をコーディネートし、地域ぐるみで子どもたちの成長を支え、地域の活性化を図ることにある。コロナ禍前の2019（令和元）年度には年間延べ1,592人が携わり、十分に目的を達している。もうひとつの目的である家庭教育支援の面においては「福祉の話をする会」と題して、家庭と行政、福祉施設をつなぐ連携活動を行ってきた。

　このような活動は、開校から続いている地域とのつながりを地域学校協働本部が組織的に機能させはじめたことにより、安定的継続的な連携体制として整えられていったといえる。

3. 地域に開かれた教育課程
(1) 知的障害部門高等部での取組
(a)「久米南町を明るく元気にしよう大作戦」

　2012（平成24）年5月に、岡山県と岡山県中小企業団体中央会が主催する「岡山まちの夢 学生アイデアコンテスト」が行われた（図14-1）。これは、まちに人が集まるための仕掛けや、地域にあるものを再発見し、新

図14-1　募集パンフレット

たな魅力として発信するアイ
デアが求められるものであっ
た。

　折しも、地域貢献や地域活
性化につながることはないか
と模索していた本校は、この
コンテストをチャンスと捉え
学習教材とした。この年に新
設された知的障害部門高等部

図14-2　JR弓削駅舎　アンテナショップ（右側）

の職業コースの生徒が、「どうすれば人が集まるのか、集まってもイベントの
ような一過性にならないものとは何か」、「地域に貢献するとはどういうこと
か」という視点で、総合的な学習の時間の中で知恵を絞り合った。試行錯誤の
結果、自分たちが接客しくつろげる雰囲気のアンテナショップを開店すること
となった。これらの過程における「観察し、深く知り、考え、行動に移す活
動」は生徒自身の地域とのつながりを再認識させ、自立と社会参加の意識を高
めることにもなった。

（b）学校と地域の架け橋

　久米南町とJRの協力を得て、2013（平成25）年11月にJR弓削駅舎内に、
知的障害部門高等部生が接客するアンテナショップ「野の花ショップ〜夢元
〜」が開店した（**図14-2**、**表14-1**）。県内の支援学校で校外に店を出すのは
初めてのことだった。同年、運営母体である学校後援会が久米南町に組織され、

表14-1　アンテナショップについて

ねらい	販売や接客の経験を通し自己肯定感や働く意欲を育む
方　針	生徒の学習の場とし、本校への理解啓発、地域の活性化の場とする
授業科目	【職業コース】流通・サービス、職業　【生産コース】作業学習
営業割当	【職業コース】火曜日　【生産コース】木曜日
営業時間	10：00〜14：00　給食の時間帯はボランティアの方に依頼
販売品	コーヒー、紅茶、マドレーヌ、中高の作業製品、野菜、町内A型事業所の織物 等
来客数	2022（令和4）年2月に来店者数2万5,000人を突破

図14-3　アンテナショップの開店準備

これまで以上に「よりよい地域社会を創りたい」という思いを学校と地域とが共有した。「社会に開かれた教育課程」の理念の先取りともいえる取組であった。

(c) アンテナショップが生徒にもたらした成果

　生徒たちは、お客様にとって居心地のよい場所になるよう考えながら仕事を行っている（**図14-3**）。たとえば、広告用のポスターを自主的に家でつくる、耳が聞こえにくい方にしゃがんで目線を合わせて対応するなど、主体的に工夫する姿が見られた。

　実習の前後で自己肯定感に関するアンケートを行うと評価の上がる生徒が大半である。校内での学びを地域で発揮することで人に感謝される喜びや、自分の可能性に気づいたためと考えられる。同時に自己有用感も高まり、日々の生活の中でも自信を持って主体的に取り組むことが増えた。アンテナショップで接客を行わない生徒にとっても、作業製品を納品し購入されることで、「誰かのためになる」、「人の役に立ちたい」という思いが育ち、自分と社会とのつながりを感じ学習意欲が高まった。この取組は学習の場が校内で完結するのではなく、年間を通じて地域に出向いて「実社会からの学び」を体験できるため大変意義深いことであった。

(2)　発達段階に合わせた取組

(a)　知的障害部門中学部「サテライト美咲」

　中学部においても、2016（平成28）年から秋に4日間、隣接する美咲町の役場の一角を借り、生徒の実態に合わせて仕事を分担し、コーヒーや菓子、作業製品を販売し接客を学ぶ一連の学習「サテライト美咲」をはじめた（**図14-4**）。サテライト開始前には各教科を横断的につなぎ合わせ、開店日までの準備を

しっかりと行っている。「ワークタイム」と名づけた生活単元学習の時間において、挨拶やマナー、接遇、金銭などについて具体的に学び、外部講師からのアドバイスを受ける。また、アンテナショップに直接見学に出向くことで、かっこいい先輩の働く姿に自分の理想を描き出店を楽しみにする。そして開店日には「いらっしゃいませー！」と笑顔を輝かせるのである。

図14-4　サテライト美咲

　「自分も働きたい。働ける」という社会へ向かう意欲や自己肯定感を高める機会となっている。サテライト美咲を経験した高等部の卒業生の様子を見ていくと、このような中学部時代の学習経験は高等部段階における協働活動、社会貢献活動の土台を形成していると思われる。

(b) 肢体不自由部門

　肢体不自由部門においても同様にアンテナショップを活用した学習を行っている。高等部では作業製品をアンテナショップに出荷している。製品のブラッシュアップのためにアンテナショップの店長（教員）を授業に招き、どうすればお客様によりよい商品を提供できるかという課題発見を行う。実際にエプロンをつけてレジを操作し、お客様の気持ち、店員の気持ちについて感じた後、よりよい商品となるように考えて袋詰めやバーコード貼りを行う。今後は自分たちが出店することを目標に準備を進めている。

4. これから

(1) 地域学校協働本部を核とした地域づくり

　学校支援ボランティアは子どもたちの成長を楽しみに定期的に活動に参加している。アンテナショップのお客様は生徒の活動をより充実させてあげたい、よい製品を購入したい、この場で友人と憩いたいという思いで毎回毎回来店さ

れる。ゲストティーチャーや生演奏、毎日の登校見守り、地域と一緒に行う収穫祭り……毎日のように行われる様々な支援や協働活動が住民同士の横のつながりを強化し、活躍の場が増えることで町全体が活性化していく。地元の小・中・高校生は交流学習等を通じて、支援学校の児童生徒も仲間として受け入れ、ともに成長する。開校時から続いている地域と学校が協働して子どもたちを育てようという土壌は、それに携わる人たちをも変容させ、地域社会に変化をもたらしている。このようにして、学校づくりと地域づくりの好循環が生み出されている。

本校の地域学校協働本部である「がんばるぞ誕生寺ネットワーク委員会」が核となり、「育みたい資質・能力のあり方」を学校と地域が共有し、委員会で様々な気づきが伝え合われる。たとえば、毎日の登下校の生徒の挨拶の様子やボランティアとして授業や実習に参加して感じた率直な意見、作業製品の改善点やアイデアなどである。これらを校内で共有しPDCAサイクルとして改善させながら次への指導に生かし、学校教育の充実や改善へとつなげ、地域の中にしっかり根差し、求められ期待される学校へと育ってきたのである。

(2) コミュニティ・スクール　として

2021（令和3）年に学校運営協議会を設置し、これまで以上に多方面にわたる関係者が組織に参画している。

学校運営協議会として歩みはじめたばかりであるが、協議会で高等部卒業後のことを見据え、教職員とは異なる視点から子どもたちに必要な資質・能力が熟議され、それら

図14-5　地域学校協働体制

を学校だけの課題として捉えるのではなく、学校・地域・家庭の全体的な相互作用の中で協働して育んでいくことが期待される（図 14-5）。

(3) これからの誕生寺支援学校

　地域と育てたい子ども像を広く共有し、「社会に開かれた教育課程」を実現させるためには、より支援学校への理解を深める必要がある。本校ではアンテナショップという既存の架け橋を大切にし、今後も「岡山県キャリア教育フェア」をはじめとする地域をフィールドとした学びを継続させ、人と人との関わり合いの中で子どもたちが成長できるよう、ともに手を取り合いながら学校づくり、地域づくりの知恵を出し合っていきたいと考えている。

1-15

実践事例の総括

熊谷愼之輔 ● 岡山大学学術研究院教育学域

1.「理念」の重要性

　ここまでみてきた岡山県の実践事例を、序章で取り上げた「社会に開かれた教育課程」の実現に向けて学校と社会（地域社会）が取り組むべきポイント（p.1）に引きつけてみると、まず「③連携・協働」に関しては、岡山県教育庁生涯学習課（実践事例 1-1）の指摘からもわかるように、本県ではいち早く「おかやま子ども応援事業」を立ち上げ、学校・家庭・地域の連携の拡充を積極的に推進してきている。

　しかし、連携が進む一方で、そもそも何のために連携するのか、さらには連携によって子どもたちにどのような力を身につけさせたいのかについては不問に付して推進された感も否めなかった。つまり、岡山県が連携を推進するにあたって大切にしたい考えである「理念」が明確でなかったのである。その意味では、巻頭言にも示されているように岡山県教育委員会が子どもたちの学びの原動力である夢を育む教育、「夢育」を地域ぐるみで推進していくという理念を掲げたことの意味は大きい。「夢育」では、「自分を高める力」、「自分と向き合う力」、「他者とつながる力」、「地域とつながる力」を地域ぐるみで育むことが目指されている。つまり、こうした 4 つの点数化できない「非認知能力」を岡山県の子どもたちに身につけさせたい力として明確に位置づけるとともに、これらの力は学校単独で育むことは困難であり、学校・家庭・地域が一体と

なって地域ぐるみによる教育活動の中で、とりわけ、地域「社会に開かれた教育課程」を通して培うことの重要性が示されている。こうした岡山県教育委員会が大切にしたい考えである「夢育」が、教育庁の生涯学習課（実践事例1-1）、義務教育課（実践事例1-2）、高校教育課（実践事例1-3）の各課で実践に移され、推進されてきているのはすでに見てきたとおりである。

　また、政令指定都市である岡山市では、「市民協働による自立に向かって成長する子ども（自立する子ども）の育成」を理念として掲げている。その推進の特徴は、岡山市教育委員会指導課（実践事例1-4）の指摘に見られるように、中学校区を単位とした縦のつながりである「学校園一貫教育」と、岡山市版コミュニティ・スクールである「岡山市地域協働学校」を中心にした横のつながりとの、縦と横のつながりを大切に自立に向かって成長する子どもを持続的に育んでいく点にある。

2.「社会に開かれた教育課程」の捉え方

　一方、県等の理念を受けて、市町村もそれぞれの特色を生かした理念やビジョンを策定し、さらにはカリキュラムの全体構想を設定するなど、自治体下の学校における実践をサポートし、「社会に開かれた教育課程」を強力に推し進めていくことが重要になっている。本書で取り上げた浅口市（実践事例1-5）、久米南町（実践事例1-6）、井原市（実践事例1-7）も、そうした先進的な実践を進める自治体である。なかでも、井原市は、持続可能なまちづくりを進めていくため、育成を目指す人材像を「ふるさと井原を愛し、ふるさと井原のために実行するひと（井原"志"民）」と定め、市民へのアンケート調査結果を踏まえて、井原"志"民として身につけさせたい力を「いばら愛（郷土愛と当事者性）」、「やり抜く力（向上心と忍耐力）」、「巻き込む力（発信力と協働性）」の3つに集約・整理し、その育成を自治体総力で推進している点は特筆すべきである。

　これらを勘案すると、県や市町村が掲げる理念を実現するには、学校の教育課程を、空間軸として地域社会に開かれたものにしていく必要があることはい

うまでもない。その意味では「社会に開かれた教育課程」における社会は、まさに「地域社会」と位置づけることができる。ただし、「夢育」や縦のつながり、さらには持続可能性といった時間軸で考えると、「社会に開かれた教育課程」には、子どもたちが未来を切り拓いていく、「未来」社会に開かれた教育課程という側面があることも見落としてはならない。すなわち、子どもたちが予測困難な未来「社会」の中で他者と協働しながら生き抜いていくにはどのような力が必要なのかをともに考え、その力を学校の中だけでなく、地域「社会」に開かれた教育課程において育んでいこうという点が肝心なのである。

3．ビジョン（目指す子ども像）の共有と地域学校協働体制の整備

　ただし、県や市町村がいくら理念を策定しても、学区において地域学校協働に関わる大人たち、つまり教職員や保護者、地域住民等が、その理念を「共有」しなければ進展をみることはないだろう。2015（平成27）年12月に出された「新しい時代の教育や地方創生の実現に向けた学校と地域の連携・協働の在り方と今後の推進方策について（答申）」でいうところの、学校と地域が対等に協働するパートナーの関係になるには、「社会に開かれた教育課程」を実現するポイント（p.1）としてもあげられた「①理念の共有」が欠かせない。もう少しいうと、理念をベースに取組（地域学校協働活動）を通して将来的に成し遂げたいビジョンといえる「目指す子ども像（たとえば、15歳の○○っ子）」や「身につけさせたい具体的な力」を学校や地域の実態や課題に引きつけて検討・設定し、地域学校協働に関わる大人たち同士でワークショップ等を通して共有化することが大事なのである。

　事実、実践事例で示された瀬戸内市立美和小学校の「熟議の会・拡大熟議の会」（実践事例1-11）や岡山県立真庭高等学校の「地域合同ミーティング」（実践事例1-13）は重要な役割を果たしていた。もちろん、こうした取組を持続可能なものにしていくためには、学校運営協議会の設置が必要になることはいうまでもない。実践事例のほとんどの学校においても、学校運営協議会が設置されていた。ただし、序章で指摘したように、コミュニティ・スクールはあくま

でツールであり、学校運営協議会を設置すれば学校を取り巻く課題が解決できるというわけではない。何のためにコミュニティ・スクールを導入し、連携・協働するのかをしっかりと熟議（熟慮と議論）し、ビジョンの設定・共有を進めていく必要がある。そのうえで、ビジョンに基づいた取組（地域学校協働活動）を推進していくための安定的で継続的な、そしてなにより学校や地域の実態や課題に応じた地域学校協働体制を整備していくことが求められる。たとえば、岡山県立誕生寺支援学校（実践事例1-14）では、地域学校協働本部と学校運営協議会を両輪にした地域学校協働体制の整備を目指しており、今後の動向が注目される。

4. 学校運営協議会での協議による「教育課程の明確化」と改善

　こうした地域学校協働体制における熟議や共有は、まさに大人たち自身の学びであるといってよい。とすれば、学校運営協議会等の場での学び合いの質を高めることが、子どもたちはもちろんのこと、大人たち自身の学びや成長につながることを看過してはならない。その意味では、やはり序章（p.1）であげた「②教育課程の明確化」がポイントとなり、学校運営協議会において教育課程を協議し改善していくことが、大人の学びを活性化させ、ひいては子どもたちの学びも豊かなものにしていくと考えられる。つまり、学校運営協議会における教育課程の協議・改善が、「社会に開かれた教育課程」の実現に向けた鍵を握っているのである。

　しかし、実際のところ、学校の本丸ともいえる教育課程を学校運営協議会で議論の俎上に載せて、地域とともに改善しようとする学校は少ないというのが現状であろう。これでは、「教育課程の明確化」というポイントが等閑視され、教育課程はやはり学校の"聖域"であるといわれても仕方がないだろう。

　もちろん、わが国の学校は責任感が強く、教育課程に関することまでを地域や家庭に相談しお願いするわけにはいかないと考えているのかもしれない。そういう自負や配慮があったとしても、「社会に開かれた教育課程」の実現を本気で目指すのなら、コミュニティ・スクールによって学校を取り巻くステーク

ホルダー（利害関係者）である保護者や地域住民等に学校運営への参画を促し、互いに共有した理念やビジョンに基づいて教育課程を明確化したうえで、その改善を連携・協働によって図っていくことが求められる。

　これらを踏まえると、浅口市立寄島小学校（実践事例1-8）と高梁市立高梁中学校（実践事例1-9）における実践の先駆性が見えてくる。寄島小学校では、学校自ら教育課程を学校運営協議会の議論の俎上に載せ、地域住民等との熟議によって海をテーマにした「よりしま学」を開発し、生活科・総合的な学習の時間を中心に実践している。つまり、ステークホルダーとの熟議を通して教育課程を開発し、ブラッシュアップを重ねながら「社会に開かれた教育課程」を実現しているといえる。同様に、高梁中学校の「高梁未来学」についても、学校運営協議会で説明し、委員をはじめ地域の方々との協働を積極的に進めながら取り組んでいる。もちろん、こうした実践のためには、学校もカリキュラムの視覚化や、地域学校協働活動と結びつきやすいように単元や題材のまとまりとして、地域側に提示を試みるなど、学校運営協議会等の場での教育課程についての学校側のわかりやすい説明がますます問われることになるだろう。

5. 今後の方向性と課題

　実践事例を踏まえると、「社会に開かれた教育課程」の実現に向けて、コミュニティ・スクールの有効性があらためて確認できた。しかしその一方で、学校運営協議会の存在や活動が一般にはまだまだ浸透していないといった問題も存在する。地域全体で子どもたちの学び、さらには大人たち自身の学びを促していくためには、地域の一部の人々だけの参画にとどまらず、多様な主体の参画を促進するとともに、当事者意識の醸成が必要となる。

　その意味では、首長部局・地域との連携による新見市立草間台小学校（実践事例1-10）と岡山市立高島公民館・高島小学校地域協働学校運営協議会（実践事例1-12）の実践が示唆的である。とくに、後者はこれまでの実践事例と「社会に開かれた教育課程」の実現に向けたアプローチの仕方が異なる点に注目してほしい。他の実践事例は、主に学校の管理職等がキーパーソンとなって、彼

らのリーダーシップやマネジメントのもと、実践を推進していくというアプローチであった。しかし、実践事例1-12では、「社会に開かれた教育課程」の実現に向けて公民館を中核にしたアプローチをとっている。地域の拠点として、さらには多様な主体をつなぐハブとしての公民館の機能を活用して、学校運営協議会との連携を図るというアプローチは方向性としても興味深く、今後も注視していきたい。

　今後の課題については、くしくも高梁市立高梁中学校の実践事例1-9における福原洋子校長（当時）が指摘した2つの課題と一致する。取組（地域学校協働活動）の質を高め、「社会に開かれた教育課程」を実現するには、さらなる評価・改善活動の充実が必要となり、これが1点目の課題となってくるのは間違いない。実際、PDCAに代表される学校、とりわけ地域学校協働のマネジメント・サイクルに引きつけて考えても、計画や実行に比べ、評価や改善についてはまだまだ意識が薄いようである。そうした意味でも、「高梁未来学」において、教職員全員が評価基準を共通理解し、生徒とも共有したうえで、ルーブリックの作成を検討中であることは注目に値する。さらに地域学校協働の観点に立てば、教職員や生徒だけでなく、学校運営協議会において、ステークホルダーが取組（地域学校協働活動等）の評価における価値判断や基準へ関わることも問われることになり、コミュニティ・スクールと学校評価の連動が重要になってくるだろう。

　最後に、2点目の課題としてあげられるのが、教員の力量形成である。「社会に開かれた教育課程」を推進するのに有効な課題解決型学習（PBL）を促すには、そうした学びを組み立てて支援していく教員の力量を高めることが喫緊の課題としてクローズアップされてくる。そのためには、現職教育（研修）はもちろんのこと、教員養成段階から地域学校協働について理解し、「社会に開かれた教育課程」やPBLを推進できる力を持った教員を大学において養成していくことが肝要となる。そこで、続く本書の後半（第2部）では、2018（平成30）年度から導入された岡山大学の「岡山県北地域教育プログラム」による協創的な教員養成に焦点を当てて考察していくことにしよう。

● 参考文献 ●

熊谷愼之輔・志々田まなみ・佐々木保孝・天野かおり（2021）．地域学校協働のデザインと
　　マネジメント──コミュニティ・スクールと地域学校協働本部による学びあい・育ちあ
　　い──　学文社.

第 2 部

「岡山県北地域教育プログラム」による
協創的な教員養成

2-1

構想と理念（目指す教師像）

三村由香里・上村弘子 ●岡山大学学術研究院教育学域

1．構想にいたる背景

　わが国の総人口は 2008（平成 20）年をピークに減少に転じ、生産年齢人口も 1995（平成 7）年をピークに減少している（国土交通省，2019）。また、2015（平成 27）年国勢調査を基準とする推計値では 2020（令和 2）年の高齢化率は 28.8% と急激に上昇し、2036（令和 18）年には 33.3% と 3 人に 1 人が高齢者となる超高齢社会を迎えると推計されている（内閣府，2021）。岡山県においては、日本全体より早い 2005（平成 17）年に人口のピークを迎え、今後は人口減少が続く状況であり、年齢構成においても、年少人口の減少と老年人口の増加により高齢化社会を早期に迎える見込みである（岡山県，2021a）。岡山県の人口減少の要因として、2005（平成 17）年以降は死亡者数が出生者数を上回る「自然減」に加え、転出者が転入者を上回る「社会減」も見られ、転出はとくに、就職時期である 20 代で大きくなっており（岡山県，2021a）、就職に伴う若者の県外への転出が課題である。

(1) 岡山県北地域[1]における動向

　岡山県における 2010（平成 22）年から 2015（平成 27）年までの県内市町村

1　本稿での「岡山県北地域」は、岡山県教育委員会が実施する岡山県公立学校教員採用候補者選考試験における「地域枠」での勤務地とされる津山市・高梁市・新見市・真庭市・美作市・新庄村・鏡野町・勝央町・奈義町・西粟倉村・久米南町・美咲町の 5 市 5 町 2 村とする。

別の人口増減では、岡山市、倉敷市など4市町で人口増加が見られるものの、その他の23市町村では減少している（岡山県, 2021a）。とくに16市町村（59.3%）は5%以上減少しており、そのうちの半数は岡山県北地域であるなど県内における地域格差が大きい状況である。国立社会保障・人口問題研究所（社人研）の今後の人口移動推計では、2015（平成27）年から2045（令和27）年の30年間で岡山・倉敷地域での減少が6.7%であるのに対して、その他の地域では30.6%と大きく減少することが推計されている。とくに、岡山県北地域においては、5市町で40%以上の減少が予測されており、地域機能の存続が危ぶまれる状況にある。このような状況の中、岡山県北地域において、2010（平成22）年以降、小学校27校、中学校9校が廃校となる（岡山県教育委員会, 2010-2021）など、すでに地域の様子が大きく変わってきていることが想像できる。

　さらに、人口減少に加えて、高齢化も深刻であり、岡山・倉敷以外の地域では2045（令和27）年には、老年人口が41%になると予測されており、人口減少と高齢化がより大きく進行すると考えられる。

(2) 国の地方創生施策と岡山県の中山間地域の活性化施策

　このような人口の急激な減少や超高齢化というわが国が直面する大きな課題に対し、政府が一体となって取り組み、各地域がそれぞれの特徴を活かした自律的で持続的な社会を創生することを目指し、2014（平成26）年12月27日に、まち・ひと・しごと創生「長期ビジョン」および「総合戦略」が閣議決定され、2015（平成27）年度中に全自治体において「地方人口ビジョン」と「地方版総合戦略」を作成することが求められた。「まち・ひと・しごと創生総合戦略」の中には、学校を核とした地域活性化および地域に誇りを持つ教育を推進するとともに、公立小・中学校の適正規模化、小規模校の活性化、休校した学校の再開支援など教育に関する内容も盛り込まれた。また、同年には日本創成会議・人口減少問題検討分科会が、成長を続ける21世紀のために「ストップ少子化・地方元気戦略」を示した。この戦略の基本方針は、人口減少の深刻な状況を国民が共通に認識し、長期的かつ総合的な視点から有効な政策を迅速に実

施する必要があることなどとし、対策は早ければ早いほど効果があるという観点から様々な状況について分析と達成すべき基本目標を示している（日本創成会議・人口減少問題検討分科会，2014）。地方の人口減少の大きな要因である地方から大都市圏への人口移動の特徴は、若年層中心の移動であり、「将来子どもを産む若年層を『人口再生産力』とするならば、地方は単に人口減少に止まらず、『人口再生産力』そのものを大都市圏へ大幅流出させることになる」としており、その結果、地方は加速度的に人口減少が生じる事態となったことを指摘している（日本創成会議・人口減少問題検討分科会，2014）。このような理由により、2010（平成22）年から2040（令和22）年にかけて、出産可能な若年女性が50％以上減少する自治体を「消滅可能性都市」として公表しており、岡山県では約半数の14市町村（岡山県北地域は8市町村）が該当する。

　このような衝撃的な現状の中で実施する「地方元気戦略」については、「地域によって人口をめぐる状況は大きく異なり、人口減少を食い止めるための施策も異なることから、地域自らのイニシアティブで多様な取組を行い、それを国が支援していくことが重要である」（日本創成会議・人口減少問題検討分科会，2014）とし、それぞれの自治体が危機感を持って実効的な対策を継続的に実施していくことが必要であると述べている。

　岡山県の中山間地域は県内22市町村（81.5％）と広く、面積では約75％を占めるが、2015年の国勢調査によると人口は県民の18.7％に過ぎず、高齢化率は37.2％と高い割合になっている（岡山県，2021b）。2005年からの人口の減少率は、県全体では1.8％であるのに対し、中山間地域では10.9％であり、人口減少が急速に進んでいる。また、社人研の将来の人口予測では、2015（平成27）年から2045（令和27）年の30年間で、県全体では15.7％の減少であるのに対して、中山間地域では36.4％の減少とされている（岡山県，2021b）。岡山県北地域では津山市の一部と勝央町を除く広い地域が中山間地域であり、人口減少や高齢化の進行により、住民組織の担い手不足や生活サービス産業の撤退などが進み、集落機能の低下や生活面での不安が増大し、地域社会の活力が失われつつある。そこで、岡山県は2021（令和3）年に岡山県中山間地域活性化

基本方針（改訂版）を定め、基本目標を「安心して暮らし続けることができる地域づくり」とし、多様な主体が支え合う仕組みづくり、安心して暮らせる生活基盤づくり、暮らしを支える地域経済の振興を施策目標としている。

　また、国のまち・ひと・しごと創生「長期ビジョン」および「総合戦略」に基づき、岡山県も2015（平成27）年に「岡山人口ビジョン」と「おかやま創生総合戦略」を策定し、おかやま創生を実現するための基本目標を定め、人口減少問題へ対応するため様々な対策を推進してきた。しかし、合計特殊出生率、社会増減等の数値目標値をいずれも下回るなど、依然として人口減少が続いており、2021（令和3）年には「岡山人口ビジョン改訂版」（岡山県，2021a）、「第2期おかやま創生総合戦略」（岡山県，2021c）を策定し、関係人口[2]、Society 5.0、SDGs等の視点や、デジタル・トランスフォーメーション（DX）の推進などを踏まえ、岡山県の強みを生かしながら多様な主体と連携し、さらなる対策に取り組んでいる。この中で、基本目標として「持続的に発展できる経済力を確保する」、「地域の活力を維持する」など4つを掲げ、郷土への愛着と誇りを持ち、地域課題を自ら解決しようという当事者意識や実践力を身につけ、地域に貢献する人材の育成や既存の産業の経営革新と生産者の所得向上、新規企業の誘致推進、安全・安心な地域づくりなどを通しておかやま創生を目指している。

(3) 都市集中型か地方分散型か

　京都大学こころの未来研究センター広井良典教授らが人工知能（AI）を活用した日本社会の未来シミュレーションを行い、日本が2050（令和32）年に向けて持続可能であるための条件や、そのためにとられるべき政策を提言としてまとめ発表した（国立大学法人京都大学・株式会社日立製作所，2017）。この研究の出発点は、「2050年、日本は持続可能か？」という問題の設定であり、①財政あるいは世代間継承性における持続可能性、②格差拡大と人口における持続

2　移住した「定住人口」や観光に来た「交流人口」とも異なる、地域や地域の人々と多様に関わる人々を指す。人口減少・高齢化による地域づくりの担い手不足という課題に対し、地域外の人材である関係人口がその担い手となることが期待されている（第2期おかやま創生総合戦略より）。

表 1-1 「都市集中型」と「地方分散型」のシナリオ（広井，2019 より著者作成）

	概　要
都市集中型	主に都市の企業が主導する技術革新によって、人口の都市への一極集中が進行し、地方は衰退する。出生率の低下と格差の拡大がさらに進行し、個人の健康寿命や幸福感は低下する一方で、政府支出の都市への集中によって政府の財政は持ち直す。
地方分散型	地方へ人口分散が起こり、出生率が持ち直して格差が縮小し、個人の健康寿命や幸福感も増大する。ただし、地方分散シナリオは、政府の財政あるいは環境（CO_2 排出量など）を悪化させる可能性を含むため、このシナリオを真に持続可能なものとするには、細心の注意が必要となる。

可能性、③コミュニティないし「つながり」に関する持続可能性の点をとくに重要ないし象徴的な事柄として取り上げている（広井，2019）。広井教授はこのシミュレーションにより約 2 万通りの未来シナリオ予測を行い、最終的に、日本社会の持続可能性を実現していくうえで「『都市集中型』か『地方分散型』か（表 1-1）という分岐がもっとも本質的な選択肢であり、また人口や地域の持続可能性、そして健康、格差、幸福等の観点からは『地方分散型』が望ましいという結果が示された」（広井，2019）としている。さらに、この「都市集中型」か「地方分散型」かの分岐は 10 年後程度までに発生し、その後は両シナリオが交わることはなく、また、持続可能な地方分散型の実現のためには地域内の経済循環が十分に機能するなど、継続的な政策実行が必要であると述べられている（広井，2019）。

　今後の日本の持続可能性、また目指す地方のあり方について現時点で様々な考え方があり、どの方向を目指すかについての選択肢も多様であると考えられるが、この AI を用いたシミュレーション結果によると、一度、方向性を定めた後はそれがこの先、交わることがなく（つまり、方向性を変更することは難しい）、さらには早期の決断を迫られていることは重要である。また、この中には、社会としての持続可能性だけでなく、幸福感や健康寿命など個人の要因が含まれており、人としてどのように生きていくのかといったことも考えさせられるものである。幸福度についてはきわめて主観的であり、量的測定や比較は

困難としながらも、このシミュレーションの中では、人と人との関係性などのコミュニティのあり方、平等度ないし格差、自然環境とのつながり、精神的・宗教的な拠り所などをあげている。

(4) 大学の役割

　今後のさらなる人口減少、地方衰退の可能性の中で地方大学である岡山大学が果たす役割は大きいと考えられる。岡山大学は「高度な知の創成と的確な知の継承」を理念として掲げ、「人類社会の持続的進化のための新たなパラダイム構築」を目的としている。岡山大学教育学部（大学院教育学研究科）は 2010（平成 22）年に ESD（持続可能な開発のための教育）協働推進室を設置し、学校教育および地域における ESD の推進を支援してきている。大学全体としても、岡山地域や国際社会と一体となり SDGs 達成に取り組み、sustainability と well-being を追求し、世界と地域に新たな価値を創造し続ける研究大学を目指している。2017（平成 29）年には SDGs 推進本部（本部長：内閣総理大臣）より第 1 回「ジャパン SDGs アワード」特別賞「SDGs パートナーシップ賞」を受賞し、SDGs 大学経営により社会貢献を中心的な目標としている。地方創生に関する大学の役割として、2020（令和 2）年に「地方創生に資する魅力ある地方大学の実現に向けた検討会議取りまとめ」（地方創生に資する魅力ある地方大学の実現に向けた検討会議, 2020）が発表され、地方創生に資する魅力的な地方大学として、「その魅力ゆえに学生を惹きつけ、学生の将来の活躍の場としてワクワクするような産業・雇用を創出し、地域における人の好循環を生み出すハブとして機能する大学である」と示されている。大学は人材養成のみならず、その人材が活躍する場を創出することも役割であるということである。昨今、大学においても経営が重視される中で、需要に応じた人材、産業の供給を行うためには、地域が目指すべき姿やそのために大学において育成すべき人材像を適切に把握・分析することが重要であり、「ニーズオリエンテッドな大学改革」を行う必要があると述べられている。つまり、大学が養成する人材は地域に求められるものであると同時に、新しい地域づくりを構想し、それを実現する人

材であることも必要であると考えられる。

　岡山県の第 2 期おかやま創生総合戦略の重要業績評価指標（Key Performance Indicators：KPI）の中に、現状で 44.4％の県内大学新卒者の県内就職率を 48.0％への向上がある（岡山県，2021c）。人口流出の最大の要因が就職期の大都市圏への移動であることを考えると、この時期に関わる大学として、高い潜在能力を持つ地域産業を磨き上げ、魅力ある地域産業を創出することに大学の果たす役割は大きいと考えられる。地方と東京圏の間の人口移動数は有効求人倍率の格差に高い相関を示しており、雇用や経済状況が深く関わっていることが明らか（日本創成会議・人口減少問題検討分科会，2014）とされており、地域とともに魅力的な雇用を創出することに対して大学としての貢献が期待されるところである。

2.　プログラムの構想

　このような背景を踏まえ、地方分散型の持続可能な社会を実現していくためには、地域課題に対応し、解決できる人材養成とその仕組みづくりが必要である。前述のように、岡山県北地域では約 10 年間で、小学校 27 校、中学校 9 校が廃校になっている。若年層の流出により、子どもの数も減ることから必然の結果ではあるが、地域に学校がなくなることはさらなる人口減少につながる悪循環を引き起こすものである。また、教員に目を向けると、県北地域の人口が減少する中では、当然のことながら県北地域出身の教員の割合は少なく、この地域への赴任希望者が少ないのが現状である。教員の学校への配置は岡山県教育委員会が決定するものであり、県北地域の学校に教員がいなくなるわけではないが、県北地域に腰を据えて長期間勤務する教員の割合は少なく、地域を理解し、地域の将来を考えながら教育を行い、将来、地域の担い手となる子どもを育てることができているとは必ずしもいえない状況も考えられる。また、長期間勤務する教員が少ないことは、経験の少ない若手教員の割合が増えることにもなり、教育の質を考えるうえでも課題である可能性がある。

　また、持続可能な地方分散型社会の実現のためには、地域内の経済循環が十

分に機能することが必要であり、第2期おかやま創生総合戦略（岡山県, 2021c）の基本目標のひとつに「持続的に発展できる経済力を確保する」があげられている。県北地域の経済循環を機能させるための方策として、企業の経営革新への取組、農業の生産性の向上、さらには企業誘致などが考えられるが、その前提として安全・安心な地域づくりが必要である。そのためには医療・福祉の充実は不可欠であり、地域で安心して生活するためには医療体制等の確保が重要であるが、このような産業、医療等に従事する人々が地域で暮らしていくためには学校や教育が重要になってくる。岡山県北地域の病院における医師不足のひとつの要因が教育であるという話も聞く。家族全員が岡山県北地域で豊かに暮らしていくためにも、教育の果たす役割は大きいと考えられる。第2期おかやま創生総合戦略（岡山県, 2021c）は、掲げる4つの基本目標とSDGsの17のゴールとの対応を示しているが、全ての基本目標にゴール4「質の高い教育をみんなに」は対応しており、教育の重要性が示されているものと考えられる。

　そこで、岡山大学教育学部では、地域の持続可能性を考えながら人材育成と地域づくりに貢献できる教員養成を行うことを考えた。このような教員を養成するためには地域学校協働の視点が重要である。「社会に開かれた教育課程」の文部科学省説明資料の中で、地域学校協働活動は「地域住民の参画を得て、地域全体で子どもたちの学びや成長を支えるとともに、『学校を核とした地域づくり』を目指し、地域と学校が連携・協働して行う様々な活動」と説明されている。また、中央教育審議会答申「新しい時代の教育や地方創生の実現に向けた学校と地域の連携・協働の在り方と今後の推進方策について」の中で、「社会に開かれた教育課程」の実現に向けた学習指導要領の改定や、学校教育をめぐる改革の方向性や地方創生の動向において、学校と地域の連携・協働の重要性が指摘されている（中央教育審議会, 2016）。この学校と地域の連携・協働は地方創生のためだけでなく、「身近な地域を含めた社会とのつながりの中で学び、自らの人生や社会をよりよく変えていくことができる実感を持つことは、困難を乗り越え、未来に向けて進む希望と力を与えることにつながる」（中央教育審議会, 2016）と述べられているように、今後の社会を生きていく子

どもたちにとって必要な力を身につけることにつながる。また、同答申には、「『社会に開かれた教育課程』の実現は、変化の激しい社会を生きるために必要な資質・能力とは何かを明確にし、教科等を学ぶ本質的な意義を大切にしつつ、教科等横断的な視点も持って育成を目指していくこと、社会とのつながりを重視しながら学校の特色づくりを図っていくこと、現実の社会との関わりの中で子供たち一人一人の豊かな学びを実現していくことが課題であり、学校が社会や世界と接点を持ちつつ、多様な人々とつながりを保ちながら学ぶことができる、開かれた環境となることが不可欠である」と述べられている。さらに、地域の人的・物的資源を活用したり、社会教育との連携を図ったりしながら、社会や世界に向き合い関わり合い、自らの人生を切り拓いていくために求められる資質・能力とは何かを、教育課程において明確化し育んでいくことが必要であるとされている。岡山県北地域教育プログラムにおいても、地域学校協働を養成教育の中に位置づけ、社会教育も視野に入れながら教員として必要な資質・能力を自分たちで考えながら学ぶことを目指している。同時に、地域という狭い範囲の課題のみならず、地域から世界を考える視点を持つために、インターナショナルチャレンジという海外での体験科目もカリキュラムの中に用意している。しかし、人口減少や学校を含めた様々な地域課題を当事者として考え、解決していくことができる教員を、従来の大学を中心とした講義や実習だけで養成していくことは難しい。そこで、本プログラムにおいては、教員養成を大学のみが行うのではなく、ステークホルダーである教育委員会、学校、さらには地域と協働して行うことを理念としている。これまで養成は大学、研修は教育委員会という分業がなされていたものを、養成・採用・研修を通して、学校・教育委員会・大学が主体となり、ともに育てていく「協創的教員養成」の理念のもとに進めている。さらには、地域にもその役割を担っていただくことで、教員養成と同時に、地域の将来の担い手となる人材を育成する役割を果たしていただくことを期待している。この「協創的教員養成」を通して、「学校が育つ」、「子どもが育つ」、「大人が育つ」、「地域が育つ」ことで成熟した地域がつくられることを目指している。子どもの育ちを軸として、学校と地域が

パートナーとして連携・協働し、意見を出し合い、学び合う中で、地域も成熟していく視点が重要であることが答申（中央教育審議会，2016）の中でも指摘されている。このことは、子どもの豊かな成長にもつながり、人づくりと地域づくりの好循環を生み出すことにもつながっていくと考えられる。

　さらに本プログラムでは、様々なステークホルダーが自分のまち、さらには県北の教員を育てるという意識、また学生にとってはその地域の教員になるという意識をより強く持つことができるよう「ホームタウン」という方式をとっている。この「ホームタウン」は教員として育つ拠点であり、その地域で大学生の4年間、実習やインターンシップを通して育てていただき、場合によっては卒業後もその地域で教員として働きながら、さらに成長していくという場を設けている。プログラムスタート時の2018（平成30）年には6市町村がホームタウンであったが、現在は岡山県北地域全ての12市町村となり、県北地域のいずれの場においても教員が育つ環境が整った。また、岡山県北地域の教員を県北地域出身者のみから輩出するには、数の面から難しく、多様性の観点からも望ましいことではないと考え、本プログラムは、県南部、県外出身者を含めて、卒業後に県北地域で教員になりたいという強い意欲を持つ学生を推薦入試によって確保している。県北地域出身者とそれ以外の学生がともに学ぶことで、それぞれの地域の特色をより理解したうえで教員としての役割を明確にしていく利点もあると考えている。また、学生が県北地域の教員になりたいと強く思うためには、県北地域の課題を解決したいと思うと同時に県北地域の教育が魅力的である必要もある。「ストップ少子化・地方元気戦略」（日本創成会議・人口減少問題検討分科会，2014）の中で、人口減少を解消するためには、「流出を食い止めるだけでなく、いったん大都市に出た若者を地方に呼び込む・呼び戻す機能の強化を図る必要がある。地方の持続可能性は『若者にとって、魅力のある地域かどうか』にかかっている」と述べられている。学校現場や教育を魅力的にすることでその地域での教員志望者が増えると考えられ、地域の学校の魅力づくりに大学（教員）も参画しながら、学校づくりも同時に進めていくことを構想している。岡山大学では2013（平成25）年より若手教員

の授業力を向上させるための授業力パワーアップセミナーを開催しており、本プログラムの卒業後の育ちにも大学が関わり、学び続け、成長し続ける教員を支援することを行っている。このような支援も県北地域の教育の魅力として捉えていただければ、県北地域の教員を目指すことにつながるものと考えられる。

　本プログラムを進めるにあたり、岡山県教育委員会での採用試験における「地域枠」の設定、さらには小学校教員の採用候補者が「初任地希望」を出せる制度などは、「協創的教員養成」を後押しいただける制度である。岡山県以外にも教員採用に「地域枠」を設けているところはあるが、それに特化した教員養成は岡山大学の本プログラムが最初であり、枠を設けてよしとするのではなく、実効性のある教員養成、また地域づくりにつながる取組だと考えている。

　一方で、教員志望者の減少が全国的に課題となる中で、岡山県においても同様のことがいえる。本プログラムは、人口減少地域において、地域づくりでも中核になる教員の養成、また教員の養成・採用・研修の一体的改革も目指しているが、これを持続可能なものにするためには、大学と教育委員会、学校現場と地域がさらに協働する必要がある。つまり、本プログラムを含めた個々の取組をつなげることで、教員養成の地域循環システムを形成することが考えられる（**図1-1**）。具体的には、県北地域教育プログラムの学生が、地域の高校生とともに学んだり、支援する中で、これらの高校生が地元の小学生の学習支援を行う。子どもたちが通う小中学校では、地域への誇りを持つ子どもを育成し、地域の将来を担えるような学習を行う。さらにそのような小中学校を、大学の教育実習の場としたり、教職大学院の連携協力校として大学院レベルの現職研修を受けることができるようにしていくというような連環ができつつある。そして、そのような場面を見て育った子どもが県北地域の教員になりたいと考え、大学に進学するような持続可能なシステムを構築していくことがさらなる構想である。

3. 目指す教員像

　このような構想の中、岡山県北地域教育プログラムで養成する教員像は「少

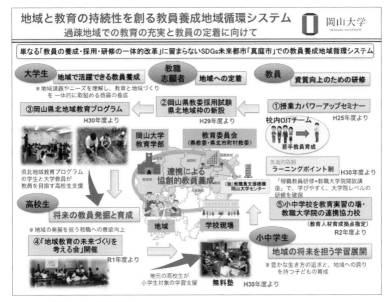

図1-1 教員養成地域循環システム

子高齢化と人口減少等の教育課題・地域課題を抱える岡山県北地域の学校現場と地域に対応し、地域学校協働の観点から学校と地域を活性化するために、学校教育をとりまく多様な人々と連携・協働を通して地域社会に貢献していくことができる教員」である。本プログラムで目指すのは、地域社会を学校教育の資源として位置づけて活用し、学校だけの持続可能性を志向するのではなく、地域の資源でもある学校を「学校の課題にとどまらない地域の課題を解決するための『協働の場』」や、「地域づくりの核」として位置づけ、地域の課題解決（地域社会の持続可能性の実現）も志向していく教員である。つまり、学校と地域双方の持続性を志向していく教員であり、そのためには「地域とともにある学校づくり」と「学校を核とした地域づくり」の持続可能な好循環を促していくための力をつけるとともに、その中で自らも成長し続けることのできる力を身につけることを期待している。センゲのいう「学習する組織」（センゲ,2011）に引きつけるなら、システム思考で考え取り組んでいくことのできる教

員である。現実の複雑性を理解するために、ものごとのつながりや全体像を見て、その本質について考える「システム思考」の重要性（小田，2017）を理解し、学校づくりと地域づくりのつながりを考えながら、自ら学び続け、成長していく教員を養成することを目指している。

　岡山大学教育学部では、県北で活躍する教員を育てることを決め、どのような資質・能力が求められるのかについて、県北地域で活躍されている管理職にインタビューを行った。いずれの先生からも出た「県北の教員だからといって他と異なるものはないですよ」という言葉が印象に残っている。県北地域の教員を養成しようと、様々なことを考え構想してきたが、これは県北地域の教員のみに求められることではなく、全ての教員養成に通じるものであることを強く実感している。

●引用・参考文献●

地方創生に資する魅力ある地方大学の実現に向けた検討会議（2020）．地方創生に資する魅力ある地方大学の実現に向けた検討会議取りまとめ
中央教育審議会（2016）．幼稚園、小学校、中学校、高等学校及び特別支援学校の学習指導要領等の改善及び必要な方策等について（答申）
広井良典（2019）．人口減少社会のデザイン　東洋経済新報社．
国土交通省（2019）．国土交通白書
国立大学法人京都大学・株式会社日立製作所（2017）．AIの活用により、持続可能な日本の未来に向けた政策を提言
熊谷愼之輔（2019）．岡山県北地域教育プログラムスタートアップシンポジウム講演資料
内閣府（2021）．令和3年度版高齢社会白書
日本創成会議・人口減少問題検討分科会（2014）．成長を続ける21世紀のために「ストップ少子化・地方元気戦略」
小田理一郎（2017）．「学習する組織」入門　英治出版．
岡山県（2021a）．岡山県人口ビジョン改訂版
岡山県（2021b）．岡山県中山間地域活性化基本方針（改訂版）
岡山県（2021c）．第2期おかやま創生総合戦略
岡山県教育委員会（2010-2021）．岡山県学校基本調査結果報告書（平成22年〜令和3年）
ピーター・M・センゲ（著）、枝廣淳子・小田理一郎（訳）（2011）．学習する組織——システム思考で未来を創造する——　英治出版．

2-2

プログラムの概要と実習

棟方百熊・服部康正 ●岡山大学学術研究院教育学域

1. 岡山県北地域教育プログラムとは

(1) 理念とそれを支える仕組み

　岡山県北地域教育プログラムとは、岡山県の県北地域を教員養成の場とし、岡山県の県北地域に根づいて地域に貢献できる教員を養成することを目的とする教員養成プログラムである。

　このプログラムで養成することを目指す教員像は、少子高齢化と人口減少等の教育課題・地域課題を抱える岡山県北の学校現場と地域に対応し、地域学校協働の観点から学校と地域を活性化するために、学校教育を取り巻く多様な人々との連携・協働を実現して地域社会に貢献していくことができる教員である。このような教員養成のプログラムを効果的に展開するためには、目的を実現できるカリキュラムと指導が必要となる。この章では、カリキュラムとその中でもとくに重要な実習について述べる。

　われわれは、カリキュラムの基本的な考え方として「子ども、学校、地域の理解を教育に編み上げる」ことを掲げており、そのイメージは**図 2-1** のようにまとめられる。ここで述べる「教育」とは、大学の講義で学ぶ知識、実習で修得する教師としての実践力、地域との協働を媒介できる能力などを含んだ概念である。したがって、ここで述べられている「理解」は、知識を理解することだけでなく、そのような「教育」に向かって育成される広い意味での「理解」

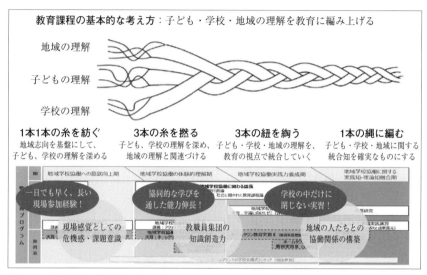

図 2-1　教育課程の基本的な考え方

といえる。このようなカリキュラムのイメージは、学年を区切りとして次のように構想される。

　1 年次には、地域の理解、子どもの理解、学校の理解という 1 本 1 本の糸を紡ぎ、地域志向を基盤にして子ども、学校の理解を深める。2 年次には、3 本の糸をそれぞれ撚り、子ども、学校の理解を深め、地域の理解と関連づける。3 年次になると 3 本の紐を綯い、子ども・学校・地域の理解を、教育の視点で統合していく。そして 4 年次になると、3 本の紐を 1 本の太い縄に編み、子ども・学校・地域に関する統合知を確実なものにする。このように、カリキュラムに配置された様々な学習機会における学びを、それぞれの内容の理解を深めるとともに、教育現場での営為に向けて統合していくことを目指している。

　こうした教育課程を実現するための重要な手立てが、「ホームタウン」と「教員免許取得プラン」である。

　岡山県北地域教育プログラムでは、主に実習系科目の活動エリアとしての地域を「ホームタウン」として設定している。ホームタウンは、1 年次の授業等

を通して各自が決定し、2年次から4年次にはそれぞれのホームタウンにおいて教育実習等が行われる。「ホームタウン」における4年間の活動を通して、学生にとってのもうひとつのふるさとのようになることを想定している。

　多くの教員養成課程では、入学時には取得を目指す教員免許が決まっている。そのため、自分自身の目指したい教員像と取得する教員免許や大学で開講される様々な科目等とをあらためて関連づけて考える機会は少ないだろう。それに対して、岡山県北地域教育プログラムでは、1年次の授業等によって岡山県北地域の学校教育の実情や求められる人材像を理解したうえで、どの免許種を取得するか自分で考えて決め、その免許の取得に必要な科目の履修計画を立てる。これが「教員免許取得プラン」である。大学での講義で学んだり、実際に岡山県の県北地域の学校へ訪問することを通じて感じたりしたことと、自分自身が目指す教員像とをもとに、主体的に取得する免許を決定することは、学生にとって教員になることへの動機づけを高める効果もあると考えている。なお、岡山県北地域教育プログラムでは、入試に際して出願資格に「卒業後、岡山県北地域で学校教員として教職に就き、学校のみならず地域社会に貢献しようとする強い意志を有する者」を明示しており、入学者は当初よりここに示されている要件を満たしていることも本プログラムの特徴といえる。

(2) カリキュラムの概要

　地域教育プログラムを岡山大学教育学部の教員養成コア・カリキュラムと並べて表したものが図2-2である。

　まず1年次、「地域学校協働研究Ⅰ」で各ホームタウンから市町村教育委員会の担当者または校長先生等をゲストに迎えて各ホームタウンの実態を踏まえた講義をしてもらい、各ホームタウンの教育事情を知ることになる。9月から「地域学校協働フィールドワーク」により各ホームタウンをフィールドワークして県北地域の学校の課題や強み、求められる人材像を理解し、4年間の学びのメインフィールドとする各自の「ホームタウン」と「教員免許取得プラン」を決定する。

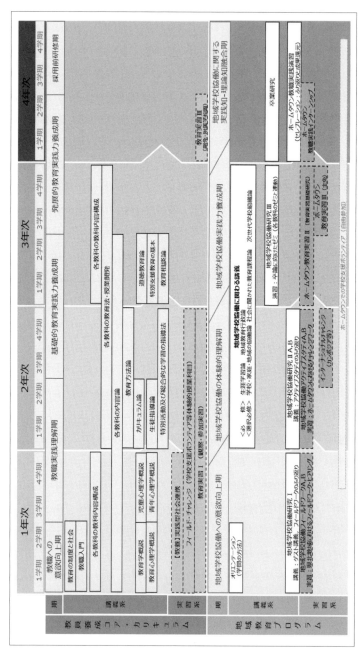

図2-2 教員養成コア・カリキュラムと地域教育プログラム

　2年次になると、「地域学校協働研究Ⅱ」で学校教育以外の社会教育、生涯学習関係者およびNPO法人関係者等を講師に迎え、地域教育の学びを深める。また、次年度に行われる主免実習の前段階として、ホームタウンの学校において教員免許取得プランに基づいて、およそ1週間の参加観察実習を行う「地域学校協働アクティブスタディ」（以下、アクティブスタディとする）を実施している。

　3年次は「地域学校協働研究Ⅲ」で卒論ゼミもはじまる。学生はホームタウンの学校において教員免許取得プランに基づいて3回程度の教壇実習（授業づくりと授業実践）を含む4週間の実習を行う。教育実習の目的は、学習指導の立案・実践・振り返り・改善（PDCA）を通じて教員に求められる基礎的な資質・能力を身につけることである。

　4年次は卒業研究とホームタウンで行う「教職実践インターンシップ」（以下、インターンシップとする）と「ホームタウン教職実践演習」を行う。

　2年次のアクティブスタディで実習を行う学校は、3年次の実習（主免実習）および4年次のインターンシップでも実習させていただくことを基本的な方針として、各ホームタウンの教育委員会と学校に依頼している。3年間にわたり同一の学校で実習することは、学生にとって学校や児童・生徒の実態をより深く知ったうえで授業などに取り組んだり、教師の実際の姿を間近で見たりする機会となると同時に、実習校やその児童・生徒に実習生をよく知ってもらう機会としても機能している。

2.　岡山県北地域教育プログラムにおける実習

(1)　実習の構想とそれを支える仕組み

　岡山県北地域教育プログラムにおいて、実習を岡山県北地域の各市町村で実施すること自体がプログラムの目的を達成するために不可欠であり、実習の成否がプログラムの成否を決定づける最大の要因といえる。したがって、関係者間でプログラムの意義や目的とともに、実習の内容や方法に関して共通理解を図り、協働して学生を育てる環境を整えることが重要となる。そのため、岡山

県北地域教育プログラムのリーフレットや実習の説明文書、各実習の依頼文書や同時に送付される学生の調書等を通じて、本プログラムや実習および個々の学生についての情報共有に努めている。また、プログラムを担う大学教員の中から「ホームタウン担当教員」として各ホームタウンを中心的に担当する者を決め、教育委員会、実習校、学生など、実習時だけでなく様々な対応を行うこととしている。

　教育委員会とは実施予定の実習および実習校に関する依頼と打ち合わせを行う。実習校とは、各実習に関して個別に打ち合わせを行う。同一の実習校で2年生、3年生、4年生が実習を行うことも少なくなく、基本的に2年生と3年生は実習期間が重複するように設定されているため、それぞれの実習のねらいや実習の進め方を確認することが必要である。実際に実習生を指導してくださる先生方と面談し、実習で実習生をどういうねらいで育てたいのか、そのためにどういう指導や関わり方をするのがよいのか等、個々の学生のこれまでの実習を踏まえた今年度の実習での課題などについても話し合われる。実習校およびその教職員との打ち合わせの機会は、実習の成果を高めるために重要な役割を果たしている。このような打ち合わせは、実習の前など定期的に実施されるだけでなく、ホームタウンや実習校を訪問する機会に随時実施される。

　さらに、年に2回、岡山県北地域の市町村の教育長が集まる会議の後に、岡山大学との協議会として時間をいただき、岡山県北地域教育プログラムの理念を共有したり、カリキュラムおよび実習などに関する具体的な説明や依頼を行っている。この機会には、在学生が出席してプレゼンテーションを行ったり、ワークショップにファシリテーターとして参加したりもしている。このような活動を通じて、岡山県北地域教育プログラムに関してより知っていただき、関係者間でカリキュラムや実習に関する共通理解を深めるよう努めている。

　なお、岡山県北地域教育プログラムに関して広く知っていただくための機会として、年に1回、シンポジウムを開催している。このシンポジウムは一般に公開されており、教育関係者だけでなく地域の方々や在学生の保護者なども参加されるため、プログラムを知っていただく格好の機会として機能している。

また、高等学校などの学校関係者や高校生の参加も多く、高等学校の進路探究などの機会としても活用されているようである。シンポジウムは、毎回異なったコンセプトで開催されており、とくに高校生や地域の方を対象とした内容なども企画、実施されている。在学生が中心となる企画もあり、在学生にとっては学校を含む広い地域社会と接することができる学びの機会となっている。

　実習の中では3年次に実施される実習が最も期間が長く、実際に授業を実践させていただくなど多様な学びが期待されており、いわゆる主免実習として位置づけられる。以下では、この3年次の実習に関して実習校訪問時に提示し説明した資料「地域教育専修3年次教育実習に向けて」をもとに詳説する。

　岡山県北地域教育プログラムでは、教育実習等の実習系の授業は原則としてホームタウンにおいて実施する。とくに3年次に実施されるホームタウン教育実習Ⅲ（主免）は、授業実践が含まれることもあり、教員養成の過程として重要な段階である。また、主に大学での講義において修得される理論に関する学びと、主として実習において修得される実践に関する学びを架橋・往還・融合させるためには、大学の教員と各ホームタウンの実習校の教員とが、実習の目的や方法などに関して共有しておくことが重要である。そこで、大学の教員による実習校訪問時などに、実際に実習生を指導してくださる先生方と面談し、岡山県北地域教育プログラムにおける教員養成に関する考え方を示した資料などをもとに、大学と実習校のお互いが育てていくねらいを共有するよう努めている。説明に用いる資料では、実習のねらいやそれを達成するためのプロセス、実習で学生に活動させたいこと、実習校の先生方にお願いしたい指導や助言などについて示している。

　まず、「実習で重視する学修プロセス」として、次の5点をあげている。

①学校を取り巻く内外環境を踏まえ、
②児童・生徒の現状の把握・理解に努め、
③試行錯誤しながら学習指導案・指導計画等を立案し、

④実習校の教職員、他の学生および大学教員等とともに実施した授業・指
　導の振り返りを行ったうえで、
⑤自らの授業・指導のあり方を改善していく

　こうした学修プロセスでは、学校や地域が持つ特色や課題が、必然的に、学
生が自ら学習指導案・指導計画を練り上げていくうえでの所与の条件と位置づ
けられる。

　学生は、自ら練り上げた授業・指導を行うことで、学生（授業・指導等の実
践者）による働きかけが、児童・生徒にどのような成長をもたらしたのか（も
たらせなかったのか）を丁寧に振り返り、それを踏まえた改善を施した学習指
導案・指導計画等の作成を通じて、教員に求められる基礎的な資質・能力を身
につけることをねらいとしている。

　学生が担当する授業・指導等の実践回数については、学生、児童・生徒およ
び学校の様々な状況を踏まえて設定するよう実習校に依頼している。また、そ
のうちひとつまたは2つの授業・実践について、上記のプロセスを明確に意識
して指導していただけるようお願いしている。このプロセスにおいて学生は、
しっかり児童・生徒と関わりながら、自らが納得する学習指導案・指導計画を
練り上げ、それを実施した後で、実習校の教員と協働的に振り返ることを通し
て、自らのねらいや指導上の工夫と児童・生徒の反応・実態の間に生じたズレ
を見つけ出し、そのことを踏まえた改善を施した学習指導案・指導計画を最終
的には大学での事後指導において検討・作成する。この改善案は、後日、実習
校に提出することになる。このように、ねらいとプロセスを共有することによ
り、実習において具体的に大学と実習校とが協働して学生を育てることが可能
となる。

　実習校の教員に対しては、「実習生に対する指導・助言」にあたり、学生が
自らの実践に向き合い、授業・指導をどのように改善していくかに役立つ評価

ができるように、次の点に注意を向けさせる問いかけを行うことをお願いしている。

- 設定した本時の学習活動の目標（身につけさせたい資質・能力）が、児童・生徒の現状や題材（単元、教材等）の内容・特質に応じて適切であるか？
- 設定した目標を達成する観点から、適切な学習活動が設計できているか？
- 児童・生徒にとって、展開される学習活動が、必然的なものになっているか？
- 児童・生徒の学習のプロセスで行われる指導上の具体的な工夫・手立てが、明確な意図を持って行われているか（また、その工夫・手立てが適切か）？

　これらは実習全体に関して大学と実習校が共有していることであり、通底しているのは、学生自身が試行錯誤を重ねて考えたり取り組んだりすることを支援すること、学生自身が様々な場面でPDCAサイクルを回すよう促すことの2点である。

(2) 実習における学びとそれを生成する仕組み

　以上は学校教育教員養成課程および養護教諭養成課程に共通している事項である。これらを踏まえ、さらに実習期間中の週ごとの活動等について、その週に目指したいことや目安となる事項、具体的な問いかけの例も含めて、実習校に依頼したいことを課程ごとに以下のように示している。

(a) 学校教育教員養成課程の場合

【第1週】

　実習の最初の週であり、まず、学校の教育目標や内外環境などを踏まえなが

ら、学校全体の動きを観察し、児童・生徒の学びの様子や抱えている問題を具体的に捉えることを目指す。

　学校の様々な場面で、学生が、しっかりと児童・生徒と関わる中で、児童・生徒が常に成長・変化していることを前提としたコミュニケーションにより、児童・生徒が「何ができていて、何ができていないのか」といった現実を把握し、それを自分の言葉で記述できるようになることを到達目標とする。こうした記述は、学習指導案の「児童・生徒観」に反映される。

　[実習校で指導いただきたいこと] として、以下の4項目をあげている。

○学校・学年・学級の目的・目標や特色などについて、実習生に説明・資料提示いただく機会を設けること。

　岡山県北地域教育プログラムでは、このことを児童・生徒に育みたい資質・能力を身につけさせるために、学校が、計画的・組織的に行われていることを理解する第一歩と位置づけている。学生の学校理解や学級理解を促すためには、説明会等の有無によらず、様々な場面を捉えて指導・助言いただくことが必要と考えている。

○学生が、観察の中で気づいたこと、疑問を持ったこと、考えたことなどについて、質問・意見交換する機会を設けること。

　学生が、管理職、学年・学級担任教員、教科担当教員、養護教諭、栄養教諭（学校栄養職員）、事務職員等にインタビューや質問・意見交換にうかがうことを想定している。これは、学生が観察する授業・指導等において、教員による児童・生徒への働きかけが、どのような指導上の意図を持つのかに注目させるための取組として位置づけており、実習校には、業務に支障のない範囲で対応いただくことを依頼している。また、第1週の後半には、学級担任・教科担当教員等とともに、1週間の活動全体を振り返り、反省・検討する時間を設けることをお願いしている。これにより、第1週目の実習への自身の取組を、多面的に振り返ることを促したいと考えている。

○学生ならびに児童・生徒の状況を踏まえながら、原則として、第1週のうちに実際に担当させていただく授業・指導の単元や題材等を提示すること。

　学生が児童・生徒の現実（児童・生徒観）を記述するにあたり、当該の単元の授業・指導を通して、児童・生徒が何ができるようになることを目指すのかを考える際の手がかりとして必要であり、授業実践の準備のためにも、できるだけ第1週のうちに実習校から示していただくことをお願いしている。学生は、実習校から示された情報に基づき、当該の単元や題材等の授業・指導で児童・生徒に身につけさせるべき資質・能力について、学習指導要領に基づいて整理し、目の前の児童・生徒に対する指導上の課題を考える。それらは学習指導案の「単元観・題材観」に反映されることになる。実習校にはこれらを踏まえた学生への指導をお願いしている。なお、学生が実習において実践させていただく授業・指導の単元や題材等を実習前に提示いただける場合は、大学において上記のうちの基礎的な準備を進められるよう指導することを実習校にお知らせしている。

〇実習期間を通して、学校が、地域の多様な資源（ヒト・モノ・カネ・情報・文化など）を活用する機会があれば、可能な範囲で観察の機会を与えていただくこと。

　これは、本プログラムの学生が目指す教員像を実現するために大変重要な事柄であり、このような機会を得られるよう努めている。なお、これについては、第1週に限らず実習期間全体を通しての依頼である。

【第2週】

　児童・生徒の現状（児童・生徒観）と単元・題材等を通して身につけさせたい資質・能力（単元観・題材観）の間にあるギャップを見つけ出し、その解消を意図した指導上の工夫・手立てや指導・支援の重点など（指導観）を具体的な授業・指導のプロセスに反映させることを目指す。

　学生が、1時間分（本時）の学習活動の目標と授業・指導後の児童・生徒の姿を明確にしながら、「導入→展開→まとめ」の学習プロセスに沿って、児童・生徒の活動とそれを支援する教員の働きかけを記述した授業・指導等の本時案を自分で作成できるようになることが到達目標である（こうした本時案の作成は、学習指導案・指導計画案等の単元・題材等の目標や計画などを意識して進

められる）。

　［実習校で指導いただきたいこと］として、以下の３項目をあげている。

〇実践する単元・題材や教科書・教材等が、児童・生徒にどのような資質・能力を身につけさせるものであるかについて、質問・意見交換する機会を設けること。

　学生は、学習指導要領解説を手がかりとしながら、実践する単元・題材や教科書・教材等の指導を通じて児童・生徒に身につけさせたい資質・能力を検討・記述している。それに対して、学生が記述に用いる学習指導要領解説等の文言が、学校において、どのように捉えられているか（学校・学年・学級等の教育目標や校内研究テーマなど）を考える際の手がかりとして示すなど、可能な範囲でコメントをお願いしている。

〇本時案の作成・実施にあたり、単元目標・単元計画等が、児童・生徒の現状や教科書・教材等の内容から適切なものとなるように指導・助言していただくこと。

　本時の授業・指導等が、単元目標等を実現するための計画の中に、どのように位置づけられるのかについて、本時の指導目標、児童・生徒の学習活動、実践者の指導・支援および学習評価を作成する過程で考えることは重要である。指導・助言いただく中で、「本時の指導目標、児童・生徒の学習活動、実践者の指導・支援および学習評価に整合性があるか？」、「児童・生徒の現状を踏まえて、指導上の工夫・手立てや指導・支援の重点などを説明できるか？」などの問いかけを通して学生に思考することを促すようお願いしている。とくに、児童・生徒の心身の状態や人権への配慮については、明確に指示し、必要に応じて、変更・中止させることを含めて指導していただくことを強くお願いしている。

〇本時案を実施した後の振り返りでは、児童・生徒と学生（実践者）の間に生じた「感情」のズレや不一致が明らかになるようにしていただくこと。

　児童・生徒と学生（実践者）の両者が、本時の学習・指導場面において、「何をしていたのか？」、「何を考えていたのか？」、「どんな感情を持っていたのか？」、「何をしたいのか？」について考えさせるように問いかけ、児童・生徒と学生（実践者）の間に生じたズレや不一致の要因を考えさせることにより、学生が、授業・指導等における働きかけを自ら改善・変革していくように課題

を提示することをお願いしている。

【第3週】

第2週に引き続き、児童・生徒の現状（児童・生徒観）と単元・題材等を通して身につけさせたい資質・能力（単元観・題材観）の間にあるギャップを見つけ出しながら、その解消を意図した指導上の工夫・手立てや指導・支援の重点など（指導観）を学習指導案のまとまり全体に反映させることを目指す。

学生が、当該の単元・題材等を用いて、「どのように児童・生徒に学ばせるか」という視点に立ち、単元・題材等の全体像を踏まえた本時案を作成・実施し、その改善に向けた振り返りができるようになることが到達目標である（こうした本時案は、単元・題材等の目標・計画・評価規準や、単元観・題材観、児童・生徒観、指導観と合わせて、まとまりのある学習指導案を構成することになる）。

［実習校で指導いただきたいこと］として、以下の2項目をあげている。

〇学習指導案・指導計画案等の立案にあたり、第2週に引き続き、実践する単元・題材や教科書・教材等が、児童・生徒にどのような資質・能力を身につけさせるものであるかについて、質問・意見交換する機会を設けること。

学生が、児童・生徒の状況や学習指導要領解説を踏まえながら、学習指導案・指導計画案を立案するプロセスにおいて、可能な範囲で実習校からコメントしていただくことがこの期間の基本的な取り組み方となる。学習指導案・指導計画案等に記載される、単元観・題材観、児童・生徒観、指導観が、第1・2週に比べて、どのように変化しているかに注目させながら、本時の指導目標、児童・生徒の学習活動、実践者の指導・支援および学習評価について考えさせる。そして、児童・生徒の現状を踏まえ、設定した指導上の工夫・手立てや指導・支援の重点などを用いる理由等を問いかけるようお願いしている。

〇立案した学習指導案・指導計画案等を実施した後、可能な限り、その振り返りを協働的に行う機会を設けること。

第2週に引き続き、児童・生徒と学生（実践者）の両者が、本時の学習・指導場面において、「何をしていたのか？」、「何を考えていたのか？」、「どんな感

情を持っていたのか?」、「何をしたいのか?」を問いかけ、その相互関係について考えさせる。本時の学習・指導場面の中から、とくに振り返りたいひとつの場面を学生(実践者)にあげさせ、そこでの働きかけが、学生(実践者)にとって「どのような意味(価値)があるか?」を問いかける。児童・生徒と学生(実践者)の間に生じたズレや不一致の要因を考えさせることにより、学生が、授業・指導等における働きかけを自ら改善・変革していくうえでの「ポジティブな発見」があるように指導・助言をお願いしている。

上記の振り返りを通じて、学生(実践者)が、実施した学習指導案・指導計画案等をどのように改善・変革していくのが適切であるかについて自ら考えていくための支援をお願いしている。

(b) 養護教諭養成課程の場合
【第1週】
学校理解、子ども理解および健康課題の理解を第1週の主な課題と位置づけている。

[実習校で指導いただきたいこと]として、以下の4項目をあげている。
○学校・学年(必要に応じて学級)・保健室の目的や目標や特色などについて、実習生に説明・資料提示いただく機会を設けること。

児童・生徒に育みたい資質・能力を身につけさせるために、学校が計画的・組織的に運営されていることを理解する第一歩と位置づけており、説明会等の有無によらず、様々な場面を捉えての指導・助言をお願いしている。
○学生が、観察の中で気づいたこと、疑問を持ったこと、考えたことなどについて、質問・意見交換する機会を設けること。

学生が、管理職、学年・学級担任教員、教科担当教員、養護教諭、栄養教諭(学校栄養職員)、事務職員等に聞き取りや質問にうかがうことを想定している。学生が観察する授業・指導等において、教員による児童・生徒への働きかけがどのような指導上の意図を持つのかに注目させるための取組であり、実習校には、業務に支障のない範囲で対応することを依頼している。また、第1週の後

半に、養護教諭・保健主事等とともに、1週間の活動全体を振り返り、反省・検討する時間を設けることをお願いしている。この時に重視したいのは、児童・生徒との関わり、および、教職員からの聞き取りを通して、学生自身が多面的に振り返ることであり、「児童・生徒の健康課題をどのように捉えているか」、「養護教諭として取り組みたいことは何か」などの問いかけにより、学生の思考が促されると考えている。

○学校の実情に合わせて、児童・生徒への保健教育を担当させていただく機会を設けること。

　朝の会や帰りの会における児童・生徒への指導、健康観察、身体計測や視力検査前の指導、1単位時間の学級活動等、保健教育を担当させていただくことを依頼している。具体的な時間、回数は、実習生および学校の状況に合わせ、可能な範囲で設定することをお願いしている。なお、学生が担当する予定の保健教育を事前に提示いただければ、大学での指導により、実習までに基礎的な準備を進めておくことを実習校に示している。保健教育の本時案の作成時には、「児童・生徒の現状を踏まえて、目標が設定されているか」、「指導上の工夫・手立てや指導・支援の重点などを説明できるか」などの問いかけにより、適切なものとなるよう指導・助言をお願いしている。とくに、児童・生徒の心身の状態や人権への配慮については、明確に指示し、必要に応じて、変更・中止させることも含めて指導していただくことを強くお願いしている。

○実習期間を通して、学校が、地域の多様な資源（ヒト・モノ・カネ・情報・文化など）を活用する機会があれば、可能な範囲で観察の機会を与えていただくこと。

　これは、教諭だけでなく養護教諭にとっても、目指す教員像を実現するために大変重要な事柄であり、できるだけこのような機会を得られるよう努めている。なお、これは第1週に限らず実習期間全体を通しての依頼である。

【第2週】
　第2週の主な課題は、養護教諭としての実践である。
　[実習校で指導いただきたいこと] として、以下の3項目をあげている。

○第1週に抽出した「健康課題」に対して、可能な範囲で実施させていただくこと。

　たとえば、傷病予防のための個別の保健指導や感染症対策の掲示物の作成等、学生が抽出した課題に対して、解決や改善のために必要な活動を考えさせることを重視している。長期的な取組が必要な事項については、学校保健計画への位置づけ等について、学生に提案させるよう促し、必要に応じて、指導・助言いただくことをお願いしている。

○保健教育を実施した後、可能な限り、振り返りを協働的に行う機会を設けること。

　児童・生徒と学生（実践者）の両者が、本時の指導場面において、「何をしていたのか?」、「何を考えていたのか?」、「どんな感情を持っていたのか?」、「何をしたいのか?」を問いかけ、その相互関係について考えさせることをお願いしている。学生が、児童・生徒に身につけさせたいと考えていた保健行動を児童・生徒は身につけることができたのか、それはどんな場面から読み取れるのか、本時の指導案をどのように改善していく必要があるのかを考えさせるためである。

○可能であれば、保健室の全日経営日を設定すること。実習生および学校の状況により、難しい場合は、観察を中心に行わせていただくこと。

　2週目の後半に、学生自身が一日の保健室経営を計画し、自らが主体となって進める保健室の全日経営をお願いしている。この時には、保健室での児童・生徒への対応についても、学生に問診・観察を行わせ、判断と処置内容を考えさせるなど、緊急時を除いて、養護教諭等指導者の指導のもと、救急処置等を行い、記録、報告の一連の対応を経験させることを重視している。さらに、学生に一日のまとめ（保健日誌等）を報告させ、保護者や学級担任への連絡、健康相談や保健指導への接続等、必要な対応についても考えさせるよう求めている。

【第3週】

　この週の主な課題は、養護教諭としての実践力の深化、また、地域における健康課題への取組の理解である。養護実習の場合、基本的に3週目は1・2週目とは異なる校種での実習を想定している（たとえば、1・2週目を小学校で実習

した場合、3週目はその小学校を学区に含む中学校で実習を行うなど）ことに注意が必要である。

　　［実習校で指導いただきたいこと］として、以下の3項目をあげている。

〇学校・学年（必要に応じて学級）・保健室の目的や目標や特色などについて、実習生に説明・資料提示いただく機会を設けること。

　　児童・生徒に育みたい資質・能力を身につけさせるために、学校が計画的・組織的に運営されていることを理解する第一歩と位置づけている。また、小・中連携の実際と養護教諭の役割についての指導もお願いしている。なお、学生は実習の3週目かつ2校種目であることを鑑み、説明会等の有無によらず、早い段階での指導・助言をお願いしている。

〇養護教諭の活動に帯同させていただくこと。

　　第3週目であることから、第1週、第2週の養護実習を生かして、児童・生徒等に養護教諭として関わることをお願いしている。養護実践の記録を用いて、児童・生徒の様子と養護教諭の働きかけおよびその意図についてより深く考えさせることを重視している。また、2校種目であることから、異なる校種の児童・生徒理解、健康課題、養護教諭の役割について、校種による特徴や工夫、共通する事項に気づくことができるよう、指導・助言をお願いしている。

〇学校が、地域の多様な資源（ヒト・モノ・カネ・情報・文化など）を活用する機会があれば、可能な範囲で観察の機会を与えていただくこと。

　　とくに、健康課題に対する地域全体での取組や支援のあり方について気づくことができるよう、指導・助言をお願いしている。

　　学校教育教員養成課程の小学校主免、中学校主免の学生の実習期間は4週間である。この内容をまとめたものが**図2-3**である。養護教諭養成課程の学生は養護実習期間が3週間のため、3週間での流れを提示しお願いしている。なお、ここで示した実習の各週の学びは岡山県北地域教育プログラムとしての基本的な考え方であると同時に、学生ならびに児童・生徒および学校の状況を踏まえて、また、実習の連続性、学生の学びの連続性などを考慮して、ある程度の柔

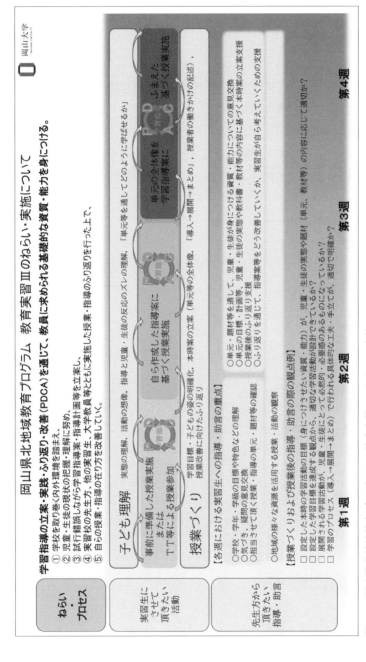

図 2-3 岡山県北地域教育プログラム 教育実習Ⅲのねらい・実施について

軟性を有するものとして計画的に運用される。

(3) 実習生の声

　ひとつの実習校で学生が継続的に実習できることと、大学と実習校が綿密に
ねらいを共有して取り組むことで、様々な好事例が生まれてきている。最後に
その一部を、実習生の声から紹介しておきたい。

・2年次のアクティブスタディで実習生は学校の雰囲気を知り、また、子ど
　もたちや先生方ともよい関係性をつくったうえで、3年次の主免実習に入
　ることができた。子どもたちから「先生、お帰りなさい」という言葉で温
　かく迎えられ、より濃厚で充実した実習ができた。
・2年次のアクティブスタディで担当させてもらった学年の子どもたちを3
　年次の主免実習でまた引き続き担当させてもらった。子どもの発達や成長
　を肌で感じることができ、継続した実習のすばらしさを体感できた。
・中学校の実習で、教科の授業だけでなく、道徳の授業も複数の学年でさせ
　ていただいたり、運動会の種目指導を担当する経験をさせてもらったりす
　るなど、より実践的な実習の機会を与えていただいた。
・4年次のインターンシップの際に、3年次の主免実習の時に満足できな
　かった授業を改善した学習指導案を作成し、再度同じ単元の同じところの
　授業をさせていただく機会をもらうなど、多くの実践をさせていただいた。

　このように、岡山県北地域教育プログラムでは、ホームタウンの実習校に継
続的に深く関わることで、多くの授業をさせていただくなど、より実践的なこ
とを経験して、目指す教員養成に取り組んでいる。

2-3

地域社会との接点で生まれる学生の学び
～シンポジウム・卒業研究を通して～

原　祐一 ●岡山大学学術研究院教育学域

1. はじめに

　大学生は、授業以外にも様々な場や機会から学ぶ。もちろんそれは課外活動であったり、アルバイトであったり、友人との出会いや恋愛も含まれる。そういった学びは、岡山県北地域で働く際に様々な形で彼女ら彼らの糧となって生きる。だからこそ大学では、学生自身が興味関心に突き動かされながら自発的に様々な体験や経験をすることを推奨する。課外活動では学生組織内の役割と同時に運営に関わって学外組織との接点を持つことになるし、アルバイトでは一従業員という役割を担いながら多様な人々と接点を持ち、友達と旅行に行けば一個人としてある地域社会と接点を持つことになる。つまり、学生という役割から解き放たれた中にもたくさんの学びが存在し、学生という役割を演じることなく社会の中で接点を持ちながら活動するからこそ、学生生活の学びが多様に開かれ豊かになる。しかし、これらが大切であるという認識はされていても、大学のカリキュラム上に講義として設定することは難しいし（その是非も含めて）、全ての学生に同じ内容を保障すべきものでもない。だからといって、キャンパス内で実施される講義を受け単位を取得するだけでは、岡山県北地域の未来を切り拓き、活躍できる資質・能力を十分に育成できるとは思えない（と筆者は強く思う）し、全てを学生の自己責任論にすることも乱暴であるように思う。

　カリキュラムという用語が含意するところは広義には「学びの総体」として

捉えられるわけであるから、いかに多様な体験をさせ、そこから経験として意味づけさせていくことができるのか、また大学側の意図的な仕掛けによってデザイン可能な範囲はどこにあるのかを探り続けなければならない。この「多様な学び」を具体的にデザインしていくためには、少なくとも大学が社会に開かれていることが必要条件となる。それは組織的に開かれているだけでなく、それぞれの教員が学生と社会との接点を用意するために開いていることも重要になってくる。大学に限らず近年注目されている小学校から高等学校まで実施される総合的な学習の時間や総合的な探究の時間においても同様に、教師のソーシャル・キャピタルによってその成否が決まってくることを見聞きすることと無関係ではない。学校や教員が社会との接点を持たず、脱文脈化した中での学力のみを保障する場として機能したのは、せいぜい Society 3.0 の工業化社会までであったのではないだろうか。当時は、子どもたちを労働力としてみなす力から守り、様々な職業選択ができるようにイーブンチャンスを提供するために「選抜システム」として学校が機能していた。だからこそ、一律に同じ内容を提供することから、それぞれの可能性を見出し、進路形成をすることが求められていたのである。しかし Society 4.0 の情報社会や、すでに突入した AI やビッグデータというテクノロジーと共存していく Society 5.0 の新たな社会においては、価値を創造していきながら知識を基盤としつつ生き抜いていく力が必要となっている。ただしここでいう知識は、社会構成主義的な観点から捉える必要があり、教科書に書かれている情報や教師の頭の中に存在する所与のものだけではなく、様々な状況や文脈の中で他者や環境との相互作用を通して構成され続けていくものと認識しなければならない。単なる情報の詰め込みを超えて、自らが行動しながら意味を構成し獲得していく知識観を大切にするためには、大学生のうちに実社会との接点で思考することが重要であると、このことからも指摘できる。

　もちろん、だからといって学問という世界に触れ、深く思考していくことが大学の中心的な学びから外れることはない。むしろ、学問知に触れながらより深く思考する力や問いの立て方を磨きながらも、それが実社会とどのように関

連していくのかについて問い、知識創造し続けていく力を学生に求めている。学生が教員となった際に社会と接点を持ちながら指導力を発揮するためには、コンテンツ主義から脱し、子どもたちが興味関心に突き動かされながら学んでいくことを一緒に楽しみながら展開していくことが不可欠となる。だからこそ本学では、様々な偶然性を含み込んだ形で学生自身が試行錯誤する魅力を十分に味わえるような場を準備しようとしている。もちろんこのような理念に基づく教員養成という営みは、まだはじまったばかりであるから、十分なデータ分析はできていない。

　そこで本章では、あらかじめ準備された情報を修得するという流れとは異なる、答えがひとつに収束しない問いに向かって学生たち自身が試行錯誤していくプロセスで育まれる学びをエピソードベースで紹介したい。もちろんこのような営みに教科書はない。では、どのように学びをデザインするのか。岡山県北地域教育プログラムでは、学生がワクワク・ドキドキしながら社会に自分たちの学びを発信できるシンポジウム等を例年企画・開催している。近年は前半に学生が企画した内容、後半に教員が企画した内容を発信する形で実施しているが、ここでは学生たちが計画立案した事例を紹介しながら、地域社会に対して何を発信すればよいのか、県北で教員になるために何を学び、今後何を学ぼうと渇望しているのかについて、学生たちの苦悩も含めて紹介する。次に、学位を取得するために重要な位置づけがなされている卒業研究について紹介する。卒業研究もあらかじめ答えがわからないことを探究する学びである。2021年度に岡山県北地域教育プログラムに所属する学生が提出した卒業研究の中から、研究の一環として地域との接点を持った4名の学生が何を感じ、学んだのかについてのインタビュー内容を紹介することで、その内実に迫ることとしよう。

2.　地域社会との接点とカリキュラム・デザイン

　具体的事例に入る前に、シンポジウムと卒業研究という仕掛けに共通しているのは何か、という問いから本章の視点についてもう少し検討しておく。それは、「たんきゅう」である。シンポジウムは、どちらかといえば「探求」とし

て機能しており、卒業研究は「探究」という特徴を帯びている。自分たちが求めることは何か、それはどのように実現しうるのかを探る「探求」と、そもそも、これはどのような仕組みになっているのか、どのように解釈可能なのかについて様々な論文と向き合いながら考究していく「探究」が存在するが、いずれにしても「？」に向き合うという意味において共通している。そこで、社会に開かれた教育課程と「たんきゅう」とがどのような関係にあるのかから、もう少しだけ紐解いてみたい。

　まず、「社会に開かれた教育課程がなぜ求められるのか？」という問いを立ててみる。この問いに対してダイレクトに答えるならば、未来が見通せない未確定な時代や社会において、「教育によって社会課題を解決する」ことが求められ、その社会課題を具体的に解決する人材が地域社会に必要であり、そのためには「たんきゅう」するマインドを持っていなければならないということになろうか。地域で活躍する教員になるためには、これまでの価値観や情報だけでは太刀打ちできない社会の到来が目の前に迫ったときに、子どもたちと一緒によりよい社会を創るにはどう考えればよいのかについて思考していけるようになる必要がある。そのためには「？」を中心とした「これはどうなっているのだろうか」、「どう考えたらいいのだろうか」、「なぜそうなるのだろうか」といった「たんきゅう心」が重要となる。

　ところで、岡山の県北地域にある課題について新入生に聞いてみると、「少子高齢化」、「人口減少」、「複式学級」といった答えがすぐに返ってくる。たしかにこういった認識は、多くの人に共有されている。ただ抽象度が高く具体性に欠け、実感として腑には落ちていないケースが多い。また、それがなぜ課題なのかについて問い直しても明確な答えは返ってこない。そして「では、どうありたいのか？」や「では、どうしたいのか？」と質問すると、学生が急にトーンダウンすることがほとんどである。よりよい社会を創るという「たんきゅう」には、社会課題をどのように解決していきたいのか、どうありたいのかについての志向がなければ、それは単にステレオタイプ的にどこかで聞いた課題を繰り返し発しているに過ぎないことになる。このようなステレオタイプ

的な「？」の立て方から脱却し、岡山県北地域に根ざした思考や教育課題を発見するために、インターンシップやアクティブスタディというカリキュラムを位置づけている（第2部第2章）が、どちらかといえばこれらの活動は、学校という場を起点に学生たちの「？」を呼び起こそうとしている。社会の側から学校教育を見つめるためには、学生たちがホームタウンを中心とした岡山県北地域を「どのようにしたいのか？」ということと向き合わなければならない。教員を志して教員養成系の大学に入学する学生は、学校教育に適応してきた（過剰に？）というバックグラウンドを持っていることが多いため、自らの価値観を問い直すことからスタートする必要がある。

　だからこそ、学生に対して「？」を、はじめは教員から、徐々に学生同士で「？」を持たせるようなカリキュラム・デザインが必要であった。そして、この「？」に対して大学の中だけで思考しても学生のモチベーションは上がらないこともある。また、大学の教員が評価者になるだけでは、学校的な思考を呼び起こし暗に正解を探すことにつながりやすく、社会や新たな観点から「？」を立てにくいというハビトゥスを持っている学生が多いように感じる。だからこそ、シンポジウムといった場を準備し、高校生から県北地域の教員、教育委員会、地域住民の方々にご参加いただき、多様な他者と一緒に考える機会を設けているわけである。

　もうひとつは、地域教育専修[1]で学ぶ学生たちが岡山県北地域で教員としてだけではなく、住民となるという視点からカリキュラム・デザインをしているという点が特徴である。一般論として、教科書等を用いる教育課程が想定しているのは、国民である。だからこそ、文部科学省が学習指導要領を準備し、どの地域でもあまねく同様の学びが保障されるように制度設計してある。一方で子どもたちが生きている生活圏は地域であり、ICTによってサイバー空間に世界が広がったとしても、暮らしの大部分は地域社会であることから、その一員としてよりよい社会を創っていく市民としての学びが必要となる。つまりそ

1　岡山県北地域教育プログラムを履修する学生（令和4年度入学者まで）は、「地域教育専修」に所属することになる。

れは、教科書に書かれている内容をインプットしアウトプットする能力を高めるだけでは、十分とはいえない。教科書には書かれていない必要なことがたくさんあるということである。

　以上のことから、状況や文脈を準備しながら「たんきゅう」というエンジンに、ガソリンとしてのモチベーション（＝ワクワク・ドキドキ感）をカリキュラムとしてデザインしていることを少しご理解いただけたのではないだろうか。学生が面白がる内容は、個々人バラバラだからこそ、常に学生と対話し、どのようにありたいのか？という彼女ら彼らの価値観からはじまるカリキュラムのデザインともいえる。本章で紹介するシンポジウムも卒業研究も学生自身が一人で問い、友達と問い、大学教員と問い、地域社会の人々と「？」をめぐって対話した、そのひとつの形である。

3.　発信することによる学び〜シンポジウムを通して〜

(1) 2018 年からの取組概要

　地域教育専修では、2018 年度に初めて新入生を迎え入れ、学生の学びをシンポジウムという形でアウトプットする場を準備してきた。もちろん、シンポジウムの開催は、単に学生の学びを促進することだけではなく、地域社会に対して大学の取組を周知することや、高校生が入学したいと思えるような環境であることをアピールすることも意図しているが、ここでは、学生が具体的にシンポジウム開催に向けて準備する中で何を学び、感じたのかについて焦点を絞って紹介する。

　過去のシンポジウムのテーマは、以下のとおりである。
・第 1 回（2018 年度）「プログラム 1 期生の学びとその意味」
・第 2 回（2019 年度）「ホームタウンでの学び紹介」（ポスター発表）
・第 3 回（2020 年度）「私たちの理想像」（オンライン開催）
・第 4 回（2021 年度）「人生ゲーム de 地域づくり」（オンライン開催）

(a) 第 1 回

　第 1 回は、大学の授業と連動させながら、1 期生が 1 年間大学で過ごす中で

どのようなことを学んだのかについて、彼女ら彼らなりの言葉で整理し、報告している。ここで1期生は、あらためて自らが1年間を通して何を学んできたのか、それは県北地域で教員になることとどのように関連しているのかについて向き合うことになった。なんとなく暮らしていた大学生活を、一気に形式知として言語化する作業は困難を伴う。それぞれのホームタウン教員と何度も面談し、問われ、思考を深めていく中であらためて大学で学ぶ意味について考えることを通して、一筋の光が見えてきた学生も多い。具体的には、ステレオタイプ的な言葉を使えば「それはどういう意味?」と問われ、体験したことを言葉にするだけでは「そこから何を学んだの?」と問われ、それに答え続けることは大変であった。それでもシンポジウムで全員が誌面発表し、代表者が口頭発表することを通して、地域社会から教員になって活躍することを強く期待されていることを直に感じ取ることができている。1年生の最後に自らの価値観を相対化することは、その後の学生たちにも引き継がれ、先輩や教員との対話の中で考え、地域社会に発信し続けている。

(b) 第2回

　第2回は、ホームタウンごとにポスターを作成し、来場者とディスカッションをしながら、地域教育のよさについて意見交流している。このポスターづくりは、ホームタウンを同じにする異学年の学生がチームを結成し、それぞれの地域について調べ、まとめるという縦のつながりの中で取り組んだ（図3-1）。

ところが、先輩後輩の関係が時に邪魔してプロジェクトとしてどのように進めればよいのかについて悩んだりすることも多かったようである。ただ、それぞれのホームタウンで行ったフィールドワークを学外の人にアウトプットすることによって、自らが持っている「地域の捉え方」に向き合うことになったと同時に、

図3-1　来場者とのディスカッション

高校生から新たな視点をもらったり、地域の方からのアドバイスをいただいたりと協働的な学びの萌芽に触れることができたことは大きい。生まれ育った地域以外のホームタウンについて知ることは、県北という大きな地域を広く考えるうえでも重要な機会となった。

(c) 第3回

　第3回は、地域教育専修に所属する学生たちが描く「よりよい教育とは何か？　地域教育とは何か？」について報告している。新型コロナウイルスの蔓延によりオンラインでの開催となったが、Zoomを使って140名の参加者とブレイクアウトルームを活用しながらそれぞれのホームタウンごとにその理想を語った。すでに授業等でオンライン化していたために、オンラインの準備はそれほど大変ではなく、ICTのスキルを生かす場になったことは、現代的な課題に対応していくしなやかさが大切であることを実感する場ともなっている。ただ、シンポジウムの企画・立案のプロセスにおいて「経験に基づく価値観」に対して、担当教員から何度も「その活動をすることの意味」や「持続可能性」、「地域を巻き込むことの覚悟」について問いが投げかけられ、あらためて「教育的な用語」を並べることではなく、具体的に機能しながらも持続可能な地域教育を考えなければならないことについて、目を向ける機会となった。そして「子どもたちが地域に貢献したいと思うような学びや体験はどのようなものか？」、「その学びや体験をどうサポートすべきか？」について教育関係者の方々はもちろん、企業や地域住民の方々、高校生の意見を聞くことによって、「教育」という用語の広がりについて触れるきっかけとなった。地域の方々からは、もっと教育に参画していきたいという声も聞かれ、シンポジウムを通して発信したことが、いろんな人を巻き込んでいく可能性を持っていることを実感している。

(d) 第4回

　第4回は、ゲーミフィケーションの考え方を使いながら2年生が中心となり全学年でホームタウンごとに人生ゲームを作成している（図3-2）。オンラインではあったが、参加者とそれぞれのホームタウン版の人生ゲームを楽しんだ。

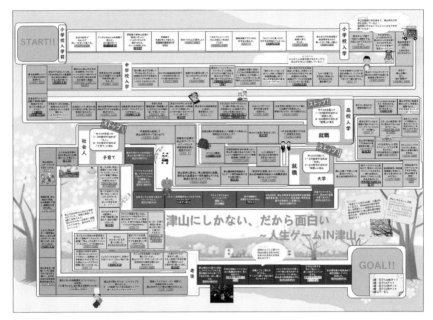

図 3-2　人生ゲーム IN 津山

　人生ゲームのマスを作成するプロセスでホームタウンの教育制度にとどまらず子育て支援制度や社会福祉制度などについて調べ、地域の特産品に目を向けることになった。その地域で一生をどのように過ごすのかといったこれまでにはない、「生涯」を見越した生活とそこで求められる資質・能力をイメージすることにつながった。上級生は、視野が狭くなっている後輩たちの視点をずらし、下級生はアドバイスを受け入れつつもどのようにゲーム化すれば楽しくなるのかについて検討を深めた。未完成のマスには、地域の方々から「○○もあるよ」、「○○を入れてほしい」というアドバイスをもらい、それぞれのホームタウンごとに人生ゲームを完成させている。シンポジウムの内容を学生だけで閉じたものにするのではなく、社会にも開くことでよりよいものができることを学んでいる。それは、参加していた地域の人から、ある地域で同じような取組をするために学生を講師として招いていただいたり、人生ゲームを活用したイ

ベントを開催していただいたりしていることからも感じ取れる。

(2) シンポジウムに向けた問い

　ここまで 4 年間を通したシンポジウムの概要と学生が何を学んだかについて示したが、ここからは、どのような問いを大学で投げかけたのかについて少しだけ紹介したい。

(a) シンポジウムで何をしたいか？

　学生には、シンポジウム開催の是非も含めて、何をしたいのかについて検討させている。これは、学生企画のシンポジウムを、し、な、い、という選択肢もあることを前提に、学生が意思決定できるようにしている。また、開催すると決めてからは、様々な形で学生同士が合意形成しなければならない。もちろん、その内容や価値について大学教員に相談しては、考え直すというプロセスを踏んでいる。このことによって、合意形成の仕方や自分たちのアイデアをよりよくするための第 3 案、第 4 案を考える思考を身につけられるようにデザインしている。

(b) 誰に向けて発信したいのか？

　学外に学びを広げていく、地域社会との接点を持つということは、他者意識が非常に重要である。企画の内容を検討する際に、どうしても学生は自分たちの立場から考えてしまう。だからこそ、「それは誰に向けて発信したいのか？」についての問いが重要となる。漠然と地域の人という認識は、結局のところステレオタイプ的に短絡的な思考を生み出しやすいため、より具体的に他者意識を持たせ、そこからチラシの作成や周知についても責任を持たせることで、そもそも「なぜシンポジウムを開催するのか？」という問いに返りつつ、具体的なイメージを持てるようにデザインしている。

(c) 参加者が聞きたくなるにはどのように工夫すればよいのか？

　計画が進むにつれて、学生同士で合意形成していくと、まとめることに意識が向く。しかし重要なことは、「学生が発信する内容ではなく、その発信された内容がどのように工夫すれば相手に伝わるのか？」を問う。内容に目が向けられると同時に、その内容をどのように他者へ伝わるように工夫するのかは、

教員になっても重要なマインドである。情報を持っている人／持っていない人という落差を用いて教育するのではなく、同じ課題や問いを解決していく共感的な横並びの視点を獲得できるようにデザインしている。

(d) 学生同士がどのように連携すればよいのか？

イベントをする際には、どうしても中心的に関わる人とそうでない人が生まれる。それは、教員になっても同様であろう。中心的に活動している学生には、そうでない学生を「どのように生かすのか？」について問うようにしている。さらに開催日が近づくと、どうしても一部の学生に負荷がかかることから、組織的な動き方がマネジメントできるように促している。異学年の学生が一堂に会してディスカッションする時間を授業として確保することは難しい。チームのメンバーが意欲的に参加してくれず悩む学生もいるが、そういった学生を縦横のつながりでフォローしあえるような関係が築けるようモニタリングしつつも、個別に声をかけながら視野を広げられるようにデザインしている。

(e) 実際に地域教育はどのように変わりうるのか？

いよいよ内容が決まり、具体的に進めていくうちに「目的との乖離は起こっていないか？」、「本当にこの内容で地域教育が何か変わりうるのか？」について問いを投げかけている。そうしなければ、シンポジウムを開催することがいつの間にか目的化し、本来掲げていた目的とのズレから、地域の人と温度差が生まれることに気づけるように意識している。自分たちのアイデアを生かしつつ、社会の中にそのアイデアがどのように位置づくのかについて検討するマインドを持っていなければ、県北地域で新たな取組をしようとしても反対されて終わる可能性が高い。高度ではあるが、自らの活動が「地域社会や他者からどのように認識されるのか？」という視点は持ち続けてほしい。

上記以外にも、学生と様々な対話や相談を通して問いを投げかける。大学の教員から代案が出されることもあるが、基本的には自分たちで課題解決し、何かしらの糸口を見つけていくことを大切にしている。大人が考える整えられたシンポジウムではなく、学生たちが中心となって創り上げるシンポジウムの中で、様々な気づきを生み出したい。

　このようにシンポジウムを通して社会と接点を持つことで様々な学びが起こるわけであるが、学んだ内容は事前に規定されていたものだけではない。学んだ内容は、副次的な産物も多い。むしろ、いかに副次的な産物を生み出すのかが重要であるといってもよいのかもしれない。つまり、デザインしたことは、学びが起こりそうな視点や学生の思考が活性化しそうなトリガーポイントを「？」として提示することだけである。その中で、学生に役割を持たせ、責任を移譲しながら、シンポジウムが終わった時には自分たちで成し遂げた喜びを噛み締められるように教員は手を放していくことを意識しているのである。そういった営みから、今を生きている学生のしなやかな発想で地域教育についての新たなアプローチや考え方、視点を発信できる機会にしている。毎年入学してくる学生は異なり、シンポジウムに関わる学生たちは、その都度異なる。代替不可能な名前を持ったそれぞれの学生が集まるからこそ生まれる知識を大切にしつつ、異学年が連携しつつも固定化しないように変化し続けていく必要がある。

4. 社会課題を研究することによる学び

　大学が持つ社会的機能は、教育・研究・社会貢献であるといわれる。これは、決して大学教員だけに課されたミッションではなく、そこに入学してくる学生も同じミッションを担う。つまり、学生は講義を選択し教育を受けるだけでなく、卒業研究という形で研究の一端を担うことも重要なのである。もちろん、そこには教育的な意味合いもあるが、実際に発見される内容は、社会に新たな知見を提供することに他ならない。

　この研究は、自らの「？」とこれまでの科学によってまだ問われていない「？」をすり合わせ、そしてその「？」を科学的な手法を用いながら解明していく営みである。答えがわからないから「探究」し、そのプロセスの中で常に科学的な思考を伴いながらその真相に迫ろうとする学びは、社会と接点を持った際に、これまでとは異なる新たな思考ができるようになる可能性を秘めている。卒業論文で社会における教育課題を取り上げた学生は、**図3-3** のような思考プ

ロセスをたどっていた。地域社会にある実践知や暗黙知をうまく取り込みながら形式知へ転換していくサイクルの中で、学生たちがどのような問いを立て、研究したのか。またその研究のプロセスでどのような学びをしたのかについて具体的に紹介する。

図 3-3 卒業研究をめぐる知の循環

(1) 地域人材とともに創る授業研究からの学び

(a) 地域人材と創る授業づくりに必要なこと

須山さんは、学校の課題が複雑化・多様化する現代社会において、学校と地域がパートナーとして連携・協働し社会全体で子どもを育成することが求められているものの、地域が学校の求めに応じて支援するという取組が多いことに気づく。支援から協働への転換には、地域人材が授業づくりに関わり、教師と一緒に授業づくりをしていくことが必要であるという問題意識を持って、久米南町を舞台に地域おこし協力隊の方と一緒に総合的な学習の時間の単元開発をしている。

この開発を通して、学校と地域がどのように協働しながら授業づくりをしていけばよいのかについて分析している。その結果、教員側が「授業づくりで大切にしたい６つの視点」を意識して取り組むことが必要であることを導き出している。６つの視点とは、①パートナー関係、②お互いが Win-Win の関係を築くこと、③ビジョンを共有すること、④教育課題と地域課題の共有をすること、⑤学校と地域の専門性を生かし合うこと、⑥可視化することである。そしてこれらの視点を持ちながら学校と地域がいかに良好な関係性を築いていくのかという意識が基盤として機能していなければならないと指摘する。しかし、ある教員が全てを担うと多忙感や負担感が増えるからといって、学校が組織的に取り組んでしまうと、今度は顔の見えない関係になってしまうというジレンマに陥ることも導き出している。また、地域の題材や教材を子どもたちに伝える際には、授業という枠組みの中で提供していく必要があり、地域の方にも

学校教育についての理解を求める必要性があると指摘する。

　これらのことから、支援を協働的にしていくために自らの課題として、「社会に開かれた教育課程」の実現に向けて考えるのはもちろんのこと、子どもの学びを深めるために地域とともに企画の段階からカリキュラムづくりをする時間を捻出することを、卒業後の教員生活で実践しながら検討し続けることを誓っている。

（b）須山さんが卒業研究を通して学んだこと

　久米南町の総合的な学習の時間をデザインした須山さんは、次のように卒業研究を通して気づいたことを語る。

・地域おこし協力隊員と横並びになって授業づくりをすることで、地域人材とのつながり方を体感すると同時に、自らが学校の教育課程や学習指導要領について説明することを通して、お互いの立場や知見を生かした授業づくりができたことそのものが財産。

・地域人材といっても、従来からその地域で育った人と、外部からその土地に魅力を感じて移住してきた人では、同じ地域でも捉え方が異なる。異なる視点をいかにつないでいきながら授業に取り込んでいくのかを構想することが重要になる。

・いろんなことを知りたいという思いが人をつなぎ、様々な内容に踏み込んでいくことで深まりが生まれることを実感。それは、よりよくしようとする志向とコミュニケーション能力とが連動している必要があり、具体的につながる機会を喪失しないようにすることが大切。

・行政の視点を取り込むことで、公共性について考えるようになった。それぞれの思いだけでなく、公的な視点で考えられるようになることは、今後の予算取りや企画立案につなげていくうえで重要である。

（2）郷土かるた制作過程研究からの学び

（a）郷土かるた制作過程に生まれる効果

　小関さんは、小学校の探究的な授業において地域社会や日常生活が連動しつ

つ、活動を展開しやすい教材に着目している。自身が小さい頃に様々なことを学んだ「郷土かるた」にあらためて興味を持ったことから研究がスタート。郷土かるたの活用に焦点を当てた先行研究はあるものの、その制作過程でどのような学びや課題があるかが十分に明らかにされていないことに気づく。ホームタウン先である勝央町に問い合わせた結果、勝央町文化協会が協会創立 20 周年と 30 周年を記念して郷土かるたを制作しているものの現物はなく、普及していないことが判明する。そこでアクションリサーチとして、勝央町文化協会と連携・協働しながら、勝央文化かるたリメイク作戦として 2000 年に作成されたかるたの句に合わせた写真を募集する事業を展開する（図 3-4）。その活動を通して、制作過程において、郷土かるたが「遊び」の要素だけでなく地域について「学ぶ」ということにも十分寄与しうることを明らかにしている。また制作過程においては、子どもたちだけでなく、大人も地域の魅力を再発見することにつながるなど、新たな「学び」が生まれたことが実証されている。しかし、一方で郷土かるたに興味を持ってもらいながら多くの人を巻き込むことの困難さや、地域住民間の温度差、学校の授業で活用するために必要な「カリキュラム上に位置づけることの困難さ」という課題を明らかにしている。郷土かるたをきっかけにしながら学校教育と社会教育がそれぞれの立場で関わりつつも、同じ課題を解決するために活動を展開していく学社融合の具現化については、今後の課題として残されていると論文を結んでいる。

図 3-4 勝央文化かるたリメイク作戦

（b）小関さんが卒業研究を通して学んだこと

　勝央文化かるた復活プロジェクトを推進することになった小関さんは、次のように卒業研究を通して気づいたことを語る。

・地域のことを知るにしても、1から全てを調べることは困難である。それは小学校等でも同じだから、すでにある郷土かるたを生かすことでより効果的な地域学習ができる可能性を感じた。

・勝央町文化協会の方、社会教育主事の方、教育委員会の方、絵札に応募してくれた地域の高齢者から小学生まで、かるたというツールを通してつながることができたのは財産。完成まで漕ぎ着けられなかったけれど、勝央町の教員として 2023 年度には予算を確保して完成させる。

・郷土かるたが完成したら、次は地図にマッピングして観光にも使えるようにしていきたい。そうすることで、子どもたちは地域をより知ることにつながると思う。

・学校の中で、授業に組み込んでいくのには計画が必要であることを痛感した。教育課程の中に位置づけておかなければ実施できない。また、学校ごとの温度差や教員の興味関心によっても成果が異なってくるために、自身が教員になった際にどのように取り組んでいくのかについては模索中。

・本当におじいちゃん・おばあちゃんが先生だった。また地域コーディネーターの方が積極的に働きかけてくださるからこそできることだと痛感した。

（3）数学の教材開発研究からの学び

（a）図形移動ゲームと学習効果検証

　森光さんは、ホームタウンである新見市の数学教育をめぐる課題について、教育実習でも解決の糸口を探していた。新見市の数学に関わる課題を分析した結果、数学に対する苦手意識を持っている生徒の多さと、中学1年生で学ぶ図形の移動に関わる学習の定着率の低さであった。そこで、ゲーミフィケーションの考え方を用いながら「Move Move」というゲームを開発する（図3-5）。そして、地域の大学生という立場から、学校へ導入依頼をし、介入クラスと非

図 3-5 「Move Move」

介入クラスにおいて学習効果の検証を行っている。事前のテストと事後のテスト結果を比較した結果、有意に「Move Move」のゲームを休み時間等に導入したクラスのほうが図形移動に関する得点の上昇率が高くなったことが検証された。また、ゲームを導入したクラスの生徒が数学の内容について興味を持つようになったり、日常的に遊ぶ中で図形移動の楽しさを感じとったりすることが観察された。さらには、地域の大学生が学校の教育内容について新たな取組を提案し、生徒が変化する様子を目の当たりにした当該校の教員が授業の考え方を変え、「いかに生徒に興味を持たせるのか？」について他の単元等で工夫しはじめたことがインタビューによって確認されている。

(b) 森光さんが卒業研究を通して学んだこと

　自らが新見市の外部人材となって教材開発と学習効果の検証をした森光さんは、次のように卒業研究を通して気づいたことを語る。

・学校の課題を地域の教育課題として捉え、自らがその解決方法を提案・実証した全ての取組が楽しかった。小さなことかもしれないがこんな私にでもできることがたくさんあり、教育が変わっていく場面に立ち会えたことは、貴重な経験だった。

・このような実践研究ができたのは、3年間同じ学校で実習をさせていただき、つながりがあったからだと思う。機会を逃さずに継続して協働することの重要性を感じた。

・課題については、自分だけでは捉えきれなかったが、日々生徒と向き合っている先生と話をすることによって明確になった。もっと多くの先生と話をしたくなった。今後、教員になった際に一緒に生徒の課題を捉えながら、新見市全体でいろいろと工夫していきたい。

・自分自身が提案する側になったことで地域人材として役に立ったという実
感が、一番の財産。しかし、地域の側からいろんなことを提案するのには
ハードルが高い面も多く、難しく感じると思う。それは、新しい取組をし
ているときにずっと評価されているような感じを受けるし、受け入れる先
生間による温度差や、誰にアクセスすればよいのかについて地域の側から
は見えにくいことなどによって生じている。教員になった際に自分自身も
地域住民として多くの人とつながりつつ、新たな発見や提案をしていきた
い。そのためにも、地域の様々な職業を持たれている人と趣味の音楽を通
してつながり、視野を広げていく。

(4) 留学生から見た地域コミュニティ研究からの学び

(a) 真庭市に留学した学生の視点から捉えた地域コミュニティの課題

　木原さんは、ゼミ活動で真庭市のフィールドワークをした際に訪れたカフェ
のオーナーと知り合いになったことから研究的な「？」を立てることになった。
全国的な留学生の増加に伴って受け入れる地域側からの研究は多くなされてい
るものの、留学生が当該地域をどのように捉えているのかについての研究が少
ないことに気づく。そこで、留学生を受け入れながら地域とつないでいく取組
をしているカフェのオーナーから、真庭市に来ていた留学生3名（韓国出身・
スウェーデン出身・イギリス出身）を紹介してもらい、どのように地域を捉えて
いたのかについてインタビューを行っている。結果として留学生が受け入れら
れていると感じる背景には、留学生と地域住民の双方にとって有益であること
が重要であり、単に外国人客としておもてなしされることだけではなく、留学
生が母国の料理を振る舞うなど留学生側の発信によって初めて受け入れられて
いると感じることを明らかにしている。そして互恵的な関係は、日常的なやり
とりが重要であることが示されている。一方で、地域住民に「いつ帰るの？」
と聞かれることが多い留学生は、"時限つきの生活者"として認識されている
と感じていることも明らかにされている。留学生にとって真庭市という地域＝
場は開かれていたものの、時間軸を意識させられる経験を積み重ねることに

よって時限的な住民として意味づけ、時間的には閉じられた環境にいると認識していたという。自身が教員になった際には、場だけではなく時間も開かれた地域になるよう、外国語教育を通して生徒が豊かにコミュニケーションできるようにしていく必要性を認識し、その目的から教育実践を問い直しながら工夫していくことを誓う。

(b) 木原さんが卒業研究を通して学んだこと

　真庭市の外国人留学生が、地域社会に受け入れられることをどのように認識しているのかについて調査した木原さんは、次のように卒業研究を通して気づいたことを語る。

・調査するまでは気づかなかったが、自分の住む地域や留学生に対して、わずかな知識や情報で先入観ができあがっていたことに気づいた。留学生やカフェのオーナーさんから話を聞くことで認識が大きく変わっていった。

・中学校の英語を教える教員になるために教員免許状を取得したけれど、グローバル化、留学生の受け入れ、共生という言葉を、今までは日本人主体で考えてしまっていた。外から来る外国人のために、何かしてあげようと、どこか上から目線で考えていたのだと思う。

・同じコミュニケーションでも、地域住民同士の会話と、留学生との会話との間には、目には見えない壁が存在することがあることを痛感した。その会話をした人にしかわからない違いがあることを学んだ。

・留学生のインタビューを通して学校現場を見ると、ALT の先生がどのように感じながら教育をしているのかが気になる。単に英語を使えるようになるだけではなく、もっと ALT の先生から学べる内容がたくさんあるはずで、それを生かしていく方策を考えたい。

・この経験を通して、地域で生きた英語を使えるとはどういうことなのかについて、深く考えるようになった。単にテストで役に立つとか旅行に行った時に役に立つということから、もっと視野を広げて外国語教育をしていきたいと思うようになった。

・海外の方と一緒に食事をしたり、生活をしたりすることを通して豊かな地

域社会のあり方について地域住民として考えてみたい。また、新型コロナウイルスの影響もあって留学できなかったが、どこかでチャンスを掴んで自らも海外に留学したいという気持ちがあらためて芽生えた。

(5) 研究を通した学びのベクトル移動

　以上のように、卒業研究を通して中身もさることながら、学生たちはその探究プロセスにおいて、多様なことに気づいていく。そして、自らが教員になった際に研究によって見えてきた課題に対して具体的に解決をしていこうという強い意志がみられる。これらの学びを簡易的に整理すると、横軸に地域と学校、縦軸に参加と距離化という軸を設定した**図 3-6** のように示すことが可能となる。ポイントは、どこかの象限にとどまった思考ではなく、いくつかの象限を跨いで学びが広がったり深まったりしていることである。

　たとえば、（1）の事例が示す「公的な視点を持った取組」に関わる学びは、子どもと直接関わりながら教材を開発することから距離を置くからこそ地域の見方が地域人材との関わりの中で変容し、それらを具体的に位置づけていくためには、公的な視点の必要性に気づくという象限を跨ぐからこそ深い学びが生

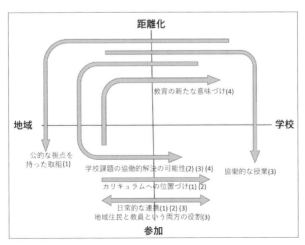

図 3-6　卒業研究を通した学生の気づき

まれている。また、(3) の学生が経験したのは、ゲーミフィケーションの考え方を地域人材として具体的に関わりながら分析することによって、教育の新たなあり方を発見することにつながっている。いずれにしても、社会に開かれた教育課程を構想するということは、学生たちの学びをどこかに固定化することではなく、思考を広げつつもそれらをつなげ「動かしていく」ことができるようにすることが必要になっていることが示された。

5.　おわりに

　ここまで、地域社会との接点を持つことによって、どのように学生が学び、成長してきたのかについて検討してきた。シンポジウムの企画・立案・実践を通して見てきたように、コンテンツはその年ごとに変わり、学生も入れ替わっていく。そういった中で地域社会に対して彼女ら彼らが学んだ内容を発信するという機会は、学生を飛躍的に成長させる機会になりうる。一方で、飛躍的に成長する学生もいれば、消極的になり、そういった成長の機会にコミットしない学生もいる。だからといって一律に課題を課すのではなく、こういった機会を担保しつつ多様な学生を引き受け、大学として準備できる範囲を探り続けることが重要である。そういった多様性に拓かれておくことが、社会に開かれた教育課程に求められる覚悟なのかもしれない。もちろん、このような出たとこ勝負な実践は、大学教員の負担感も大きい。それでも大学教員が面白がりながらしなやかに学生と学び続けることが持続可能性を担保しうるのかもしれない。

　また、卒業研究を通して学生の視野が一気に広がっていくということもあらためて気づかされる。研究するという面白さと厳しさに触れることで、新たな視点を獲得したり、ステレオタイプ的な思考から距離を取る方法を身につけていくことは、これまで人類が進歩してきた重要な営みである。

　学生が様々な役割を担うことから、その役割を超えて未来を描くことで社会をよりよくしていくことにつながる。単に連携・協働という単語を知っていること以上に、自らが動き、変化し続けようとする営みを愉しめる学生を増やしていくことが本プログラムの特徴となる。

2-4

「社会に開かれた教育課程」の実現に資する
協創的な教員養成

髙瀬　淳●岡山大学学術研究院教育学域

1.「社会に開かれた教育課程」の意味

　教育課程は、学校教育の目的・目標を達成するため、教育の内容を児童生徒の心身の発達に応じ、授業時数との関連において総合的に組織した学校の教育計画であり、各学校が主体となって編成されるものと位置づけられている。教育課程の編成にあたり、各学校は、法令や学習指導要領など、国が国民に保障する学校教育の実現に必要な最低限度の基準（ナショナル・ミニマム）を満たすことが義務づけられている。

　ナショナル・ミニマムは、全国的に一定の教育水準を確保するとともに、実質的な教育の機会均等を保障することを目指した法的な枠組みとして、各学校が、児童生徒、施設・設備、設置環境などといった地域的実情を考慮し、それぞれの内外環境を反映した最適な状態（ローカル・オプティマム）をつくり出していく中で用いられる。つまり、ナショナル・ミニマムを満たした後にローカル・オプティマムの実現に取り組んでいくというものではなく、国による最低限度の基準を満たすためには、そもそも地域的実情を考慮した教育課程が編成されなければならない。

　たとえば、文部科学大臣が告示する学習指導要領は、学校段階ごとに各教科や特別活動等の目標や大まかな教育内容などを明らかにしているが、あくまで大綱的な最低限の基準であり、各学校が様々な創意工夫を施した教育課程を編成・実践することを前提としている。したがって、各学校が進める教育課程の

特色づくりや継続的な改善・発展も、地域ごとに最適な学校教育の状態を実現しようとする取組の延長線上に位置づけられる。

　こうした教育課程が「社会に開かれ」るとは、各学校と社会が、「よりよい学校教育を通してよりよい社会を創るという理念」を共有し、連携・協働しながら、どのように児童生徒に身につけさせたい資質・能力を育んでいくのかを公にしていくことを意味する（文部科学省，2017）。別な言い方をすれば、各学校には、未来の社会の創り手に必要な資質・能力を育む観点から、自らの教育活動のねらいや手立てなどについて、家庭（保護者）や地域（住民）に向けて丁寧に説明し、それを踏まえた協議を活性化することで、持続的な連携・協働に向けた理解と信頼を得ていくことが期待されている。

　これは、学校が、「何を教えるか」といった教える側（教員）の立場から、使用する教科書等に記載された知識・技能の伝達を優先し、教育内容とスケジュールに重きを置いた教育課程を編成する傾向にあることへの反省を含んでいる。教育課程が教える側の立場から編成される場合、予定された授業時間数で教科書等の内容の伝達を終えることに注意が向けられるため、学校と家庭・地域の間で共有すべき事項が自明のものとなり、とりたてて学校が説明する必要性が生じない。年間の学校行事や保護者が負担する教材費などについて、決定された内容を学校から家庭・地域に「お知らせ」するだけで十分となる。

　しかし、教える側の立場からの教育課程では、学ぶ側（児童生徒）が実際に「何を学んでいるのか（または学べていないのか）」といった児童生徒一人ひとりの学習経験に対する教員の意識が低くなり、教育課程の形骸化をもたらしやすい。さらに、教える側の関心が個々に担当する学年・クラスや教科等の指導に限定的に向けられることで、日頃の教育実践が学校の教育目標や地域的実情との関わりの中で計画・実施されにくくなり、教育課程の組織的な改善・発展に結びつかなくなる。「社会に開かれた教育課程」は、教える側の教員が、学校が設定した教育目標の達成に向けた取組を保護者や地域住民に説明する必要性から、学ぶ側の児童生徒それぞれの学習経験を総体として捉えていこうとする点に本質的な意味があると考えられる。

2. 専門職としての教員の養成に向けた課題

　「社会に開かれた教育課程」の実現には、児童生徒の学習経験の総体を的確に捉え、どのように各学校の教育目標を達成していくのかについて、保護者や住民にわかりやすく説明できる教員の存在が不可欠となる。こうした教員の資質能力は、もちろん、家庭や地域との関わりを通して深められていくが、保護者や地域住民とのやりとりを苦にしないなどといった属人的なものでも、単に学校での実践の経験を積み重ねるだけで身につけられるものでもないことに注意しなければならない。

　教員に求められる資質能力に関しては、2000 年頃より、「実践的指導力」の育成を意図した改革が実施されてきた。「実践的指導力」は、臨時教育審議会第二次答申（1986 年）で使われた言葉であり、教員が自らの「実践」に必要な「指導力」を持たなければならないことが当然視され、その後の教員養成や研修をめぐる取組におけるキーワードのひとつとなっている。ただし、「実践的指導力」という用語は、必ずしも明確に定義づけられているわけでなく、これを使って説明される特定の状況や文脈に応じた様々な意味で理解される。「実践的指導力」は、学校という「現場」の存在を意識しながら、教員に求められる「資質能力」という意味合いで捉えられる傾向にある。

　その背景には、戦後日本の教員養成が、「『アカデミシャンズ（学問が十分にできることが優れた教員の第一条件と考える人たち）』と『エデュケーショニスト（教員としての特別な知識・技能を備えることこそが優れた教員の第一条件と考える人たち）』との対立」を抱え、「ややもすると学生に対する教育が教員個々人の裁量に委ねられている」という状況があるとされている（文部科学省，2001）。そのため、担当する大学教員の研究領域の専門性に偏った授業が多くなり、学校現場が抱える課題の解決に資する教員の資質能力を組織的に育むことが十分にできていないとの認識である。

　2021 年 3 月 12 日付で文部科学大臣から中央教育審議会に諮問された「『令和の日本型学校教育』を担う教師の養成・採用・研修等の在り方について」

（文部科学省，2021）[1] も、こうした認識を引き継いでおり、「既存の在り方にとらわれることなく、基本的なところまで遡って検討を行い、必要な変革を行うことで、教師の魅力の一層の向上を図っていく」との方針を示している。具体的には、①教師に求められる資質能力の再定義、②多様な専門性を有する質の高い教職員集団のあり方、③教員免許のあり方・教員免許更新制の抜本的な見直し、④教員養成大学・学部と教職大学院の機能強化・高度化、⑤教師を支える環境整備が諮問され、教員の養成・採用・研修にかかる諸制度の根本的な見直しに向けた審議が予定された。

　この諮問に対し、教師教育に関する専門的研究者で構成される日本教師教育学会の理事会は、2021 年 6 月 14 日付で、中央教育審議会に設けられた「令和の日本型学校教育」を担う教師の在り方特別部会の会長宛に「審議に対する要望書」を提出した（日本教師教育学会理事会，2021）。そこでは、「日本の学校教育を根底で支える専門的職業としての教職」の特性を重視し、審議にあたっては、「教師にはさらに高度の資質・能力（コンピテンシー）が求められるということを深く意識すること」を要望している。さらに、教員とは、「学校における児童生徒の学習・生活のあらゆる側面を包括的に把握しながら業務に当たる専門職（ゼネラリスト）」であり、あらかじめ限定された学校業務に携わる職種（スペシャリスト）と区別される「教職の固有性について十分に考慮すること」を求めている。

　つまり、教員の資質能力は、「各学校で独自のカリキュラムや授業をデザインして実践し、児童生徒の学習状況を踏まえて柔軟に修正することができるコンピテンシーの視点」が重視されるものであり、たとえば、「ICT 機器やソフトウェアの種類に依存して変化する」ような「技術合理的な力量」として捉えるべきでないとしている。これは、ICT 機器の操作など、明日の実践にすぐ使えるような知識・スキルの一つひとつが教員に求められる資質能力として無

1　諮問された事項のうち、教員免許更新制については、「『令和の日本型学校教育』を担う教師の在り方特別部会」に設けられた小委員会において先行的に審議され、その結果を反映した「教育公務員特例法及び教育職員免許法の一部を改正する法律」（2022 年 5 月 18 日）の成立を踏まえ、発展的に解消されることになった。

制限に示され、それらの習得に向けた対応が大学や研修機関に求められることにより、結果的に教員養成や研修の矮小化をもたらしかねないとの問題意識に基づいていると考えられる（吉岡・八木，2007）。

　また、「審議に対する要望書」は、「日本の教職の質の高さ」が、「戦後の歴史を通じて確立された『大学における教員養成』『免許状授与の開放性』『相当免許状主義』の基本原理によって維持されてきた」と評価し、「これらに反する制度改革は行わないこと」を求めている。

　「大学における教員養成」とは、単に高等教育レベルでの養成というだけではなく、戦後の民主主義社会にふさわしい学校教育の担い手として、幅広い学問的な教養を基礎とした「新制大学」の理念に沿った養成を行うものである。教職を志望する学生は、一般教養と専門教養（教科ならびに教職に関する教養）を深く学修する大学において、豊かな人間性を含む教員の資質能力を身につけることになる。

　「免許状授与の開放性」とは、法律で定める一定の基準に合致する教職課程の単位を取得した者に教員資格（免許状）が与えられるというものである。様々な学部・学科において学問を追究した教員は、それぞれの専門分野の特性に応じた各教科に関する深い理解や科学的な知見に基づく批判的な精神を備えているとされ、それらがひとつの学校に配されることで、多様な専門性や背景を持った教職員組織を形成する。

　「相当免許状主義」とは、全ての教員が、学校種や教科等の別に区分された教員免許状を保有しなければならないだけでなく、教員免許状の区分に相当しない学校種や教科等の教育を担当できないというものである。これは、教員の専門性が学校種や教科等の別で異なるとの考え方に基づいており、義務教育を中心とした学校教育の機会均等と教育水準の維持向上を図っていくうえでの前提となっている。

　これらの基本原理は、「教員養成教育に関わる質保証システムの不在」などの問題点を内包しつつも（岩田，2010）、戦後を通じた教員養成制度の根幹とされている。その趣旨は、「教員の専門職制の確立」にあり、教職員免許法

（1949年）が制定された際に「教育という仕事のために教育に関係ある学問が十分に発達し、この学問的基礎に立って人間の育成という重要な仕事にたずさわる専門職がなければならない」との教員観・養成観が示されている（玖村, 1949）。専門職としての教員は、学術の中心としての大学において、深く真理を探究する中でつくり出される「教育に関係ある学問」に基づいて養成されるとの指摘である。

　専門職としての教員を養成するにあたっては、「人間の育成」を目的とした学校教育の成果が、学校だけでなく、家庭や地域における多様な学習経験を踏まえた児童生徒の個別的な文脈に依存することに留意しなければならない。別な言い方をすれば、教員がなんらかの実践的な知識・スキルを身につけ、それを授業等に適用したとしても、「人間の育成」という観点からみた本来の成果に直接的に結びつくわけでなく、このことが他の専門職とは異なる教員の固有性や専門性の根拠となっている[2]。

　これは、教員養成の基盤となる「教育に関係ある学問」が、学校、家庭および地域と一定の関わりを持った真理の探究を通じて体系化されるとともに、その学修のプロセスまでを含めた教員養成カリキュラムが構想・編成されていくことの必要性を表している。

3. 協創的な教員養成の試み

　岡山大学教育学部地域教育専修[3]は、学校教育の成果が児童生徒の個別的な文脈に依存することを強く意識し、家庭や地域と連携・協働しながら教育活動を展開しようとする学校とともに、専門職としての教員を養成する教育研究に取り組んでいる。これは、地域教育専修が、教職を志望する学生の学修活動に対する支援を通じて、「社会に開かれた教育課程」を編成－実施－点検・評価

2　教員が実践的な知識・スキルを身につけることは肯定されることであるが、児童生徒の個別的な文脈に対する十分な理解がなければ、その習得が無制限に求められることになり、専門職としての教員の育成に必ずしもつながらないと考えられる。
3　岡山県北地域教育プログラムを履修する学生（令和4年度入学者まで）は、「地域教育専修」に所属することになる。

－改善していく学校づくりや地域づくりのサイクルに継続的に関わっていく側面を備えている。

　そうした取組の特色として、第一に、地域と協働する学校づくりの観点から、大学における教員養成カリキュラムの相関性を高めていることがあげられる。地域教育専修のカリキュラムは、当然のことながら、法律で定められる基準に合致し、取得する教員免許状の別に応じて、教育学部の他専修等と共通する授業科目の履修を求めている。この授業科目は、それぞれの専修の専門性に基づいた領域と系統性を持って構成されることから、そこで得られる知見を家庭や地域と関わりながら教育活動を展開するための「学問的基礎」として捉え直していくことが必要となる。

　そのため、地域教育専修では、専修専門科目（岡山県北地域教育プログラム科目）に「地域学校協働研究Ⅰ〜Ⅲ」（1〜3年次）を置き、学生の履修状況を踏まえ、担当する複数の大学教員による演習形式やプロジェクト型の授業が行われている。その際、大学教員が、自らの専門である学問分野の知見に基づき、「社会に開かれた教育課程」の実現に取り組む学校における授業・指導等を想定した内容（content knowledge）と方法（pedagogical knowledge）に自覚的であり（Shulman, 1987）[4]、取得する教員免許状等に応じて履修状況が共通または相違する学生の間に、大学で学修した知識に基礎づけられた対話を生じさせるための問題提起に留意している。

　第二に、県北地域の市町村をホームタウンとし、1〜4年次を通じて理論と実践を往還・架橋する学修を進めることがあげられる。ホームタウンでは、フィールドワークや教育実習などを通して、学校と家庭・地域が、互いに切り離された存在ではなく、児童生徒の多様で豊かな学びを支える共通の空間であることを理解し、児童生徒の個別的な文脈を意識しながら、授業づくりを行っていくことのできる教員の育成を目指している。

4　これについては、S・L・ショーマンが提示したPCK（pedagogical content knowledge）と呼ばれる知識の捉え方が参考になる。PCKは、「授業を想定した教育内容に関する知識」などと訳され、教える内容と方法に関する知識を架橋・往還・融合するものとされる。

　ただし、ホームタウンでの教育実践を積み重ねさえすれば、教員に求められる資質能力が身につくわけでない。学生は、ホームタウンが抱える教育課題に向き合い、それを改善・解決するプロセスに関わる機会を持つことで、学術の中心としての大学における授業や先行研究等から、授業づくり等に有効な知見・データや分析方法などのエビデンス（森・中井・大村, 2014）[5]を得ていくといった内発的な学修のサイクルをたどる。

　たとえば、「地域学校協働研究Ⅰ・Ⅱ」（1・2年次）では、ホームタウンの教育委員会から当該市町村の教育行政の基本方針や具体的な施策に関する説明を受け、意見交換・質疑応答する機会が設けられている。これは、各ホームタウンの地域的実情を比較することにより、県北地域に対するステレオタイプな捉え方を改め、根本的な教育課題の発見につなげることを意図している。学生が、学校や家庭・地域で発生している事実から、改善・解決したい課題を自分なりに設定・更新していくことが、その後のホームタウンにおける実践の計画－実施－評価－改善に有効なエビデンスを能動的に見つけ出そうとする姿勢に結びついていくことになる。

　第三に、地域教育専修と学校が、教職を志望する学生の学修を支えるコミュニティとして、互いに不足する部分を補う相互補完の関係にあることがあげられる。これは、地域教育専修が、「社会に開かれた教育課程」を実現できる教員の輩出といった学校との共同利益を志向しながら、互いの特性に応じた責任ある互恵的な協働関係（エンゲージメント）の構築を目指すことを意味する。

　地域教育専修では、学校を教員一人ひとりの「関心・問題や熱意などを共有」し、「継続的な相互交流を通して知識や技能を深めていく」ことができるコミュニティ（Wenger, McDermott, & Snyder, 2002）と捉えている。3年次の教育実習（主免実習）に際しても、実習校での「暗黙知」を内包した対話が生じ

5　森俊郎らは、「エビデンスに基づく実践を行う上で大切なのは、収集したエビデンス自体ではない」として、「エビデンスからスタートするのではなく、『何が問題か？』、『何を向上させるのか？』という目の前の問題からスタートしなければならない」ことを指摘している。そこには、学びの主体である児童生徒の教育的な要求・要望を発見し、それを満たす学習の結果の保障に努める教員の応答責任（responsibility）が認められる。

るように、指導教員による教え込み（授業のやり方・技術の伝達など）ではなく、学生の児童生徒への働きかけに対する「問いかけ」を重視した指導を依頼している。地域教育専修は、実習校とは別個のコミュニティとして、学生が実習校から持ち帰った成果や自己課題を大学教員や他の学生とともに振り返り、その結果を反映させた改善指導案の提出などをもって実習校にフィードバックする。異なる２つのコミュニティにおいて、学生が対話を繰り返すことにより、専門職としての教員を養成するエンゲージメントの構築が可能となる。

　また、「教育に関係ある学問」の発達という意味において、大学は、学問分野に固有の研究手順に従って、個人の経験や勘などに基づいた「暗黙知」を客観的・論理的に言語化された「形式知」に整理する。一方、教育の現場である学校は、他者に説明することが難しい「暗黙知」を教員同士の実践的な関わりの中で通用させようとする。この違いを十分に踏まえながら、大学と学校が対等で互恵的な関係を構築することにより、学校現場が抱える課題の解決に資する「活用に刺激された基礎研究（use-inspired basic research）」（Stokes, 1997）が行われるようになっていくと考えられる。

　このような特色は、ホームタウンの教育委員会や学校が教員養成の責任ある主体となり、「社会に開かれた教育課程」を実現する教員組織の形成に向けて、大学との連携・協働を強化していくものである。これによって、地域教育専修には、教職を志望する学生に質の高い学修の機会と環境を保障する観点から、ホームタウンの現職教員の資質能力の向上に関わることが求められる。とくに、2022年度より、地域教育専修の卒業生が県北地域の教員として活動しており、そのフォローアップを含めた現職教員の研修プログラムの策定や実施体制の整備に着手している。

　近年、教員には養成段階を含めたキャリア全体を通じて、専門職である自らの資質能力の発達・向上（Continuous Professional Development）を図っていくことが求められている。そのための機会を継続的に確保する手立てとして、大学、学校および教育委員会が連携・協働する様々な事業が推進されているが、それぞれの目的・目標を踏まえ、安直な一体化や無責任な役割分担に陥らない

ように注意しなければならない。児童生徒の学習経験を総体として捉える地域教育専修の取組は、教員の固有性や専門性に配慮しつつ、単に経験や知識の積み重ねにとどまらない教育研究を志向しており、大学、学校および教育委員会による「協創的」な教員養成・研修の実現に向けて示唆的であるといえる。

●引用文献●

岩田康之（2010）．日本における教員養成制度改革の展望．教員養成カリキュラム開発研究センター研究年報 9（pp.53-60）．
玖村敏雄（編著）（1949）．教育職員免許法・同法施行法解説：法律篇　学芸図書（pp.11-14）〔日本現代教育基本文献叢書（1998）．教育基本法制コンメンタール5　日本図書センター〕．
文部科学省（2001）．国立の教員養成系大学学部の在り方に関する懇談会「今後の国立の教員養成系大学学部の在り方について（報告）」．2001年11月22日
文部科学省（2017）．小学校学習指導要領（平成29年告示）．前文（p.15）
文部科学省（2021）．中央教育審議会「『令和の日本型学校教育』を担う教師の養成・採用・研修等の在り方について（諮問）」．2021年3月12日
森　俊郎・中井俊之・大村正樹（2014）．エビデンスに基づく教育とは何か．初等教育カリキュラム研究 2（pp.79-87）．
日本教師教育学会理事会（2021）．「審議に対する要望書」．2021年6月14日．https://jsste.jp/index.php?cID=533
Shulman, L.(1987)．Knowledge and Teaching: Foundation of New Reform. *Harvard Education Review, 57*（1）．pp.1-22.
Stokes, D.E.(1997)．*Pasteur's Quadrant: Basic Science and Technological Innovation*, Washington D.C..
Wenger, E., McDermott, R., & Snyder, W.M.（2002）．*Cultivating Communities of Practice*, Boston〔邦訳：エティエンヌ・ウェンガー，リチャード・マクダーモット，ウィリアム・M・スナイダー（著），野村恭彦（監修），櫻井祐子（訳）（2002）．コミュニティ・オブ・プラクティス——ナレッジ社会の新たな知識形態の実践——　翔泳社〕．
吉岡真佐樹・八木英二（2007）．教員免許・資格の原理的検討——「実践的指導力」と専門性基準をめぐって——　日本教師教育学会年報 16（pp.17-24）．

「岡山県北地域教育プログラム」を介した架橋による 「社会に開かれた教育課程」の実現を目指して

熊谷愼之輔 ● 岡山大学学術研究院教育学域

1. 「岡山県北地域教育プログラム」のコア・ビリーフと重視してきた力

　第2部で詳述した「岡山県北地域教育プログラム」の特長は、学校の問題を近視眼的・表層的に捉えるのではなく、学校・家庭・地域の全体的なつながりと相互作用の中で問題を本質的に捉えて改善しようとする「地域学校協働」の考え方を重視している点にある。つまり、本プログラムは、地域学校協働を「コア・ビリーフ（中核信念）」として位置づけているのである。

　たしかに、複雑化する学校や地域の問題を改善し、子どもの学びを深めて豊かなものにするためには、地域学校協働の考え方が有効であることに異論を挟む人は少ないだろう。しかしその一方で、その推進はあくまで学校管理職等の役割であるとの認識も強く、必ずしも個々の教員が地域学校協働やコミュニティ・スクールの重要性を理解し、当事者意識を持って関わっているわけではないという問題も抱えていた。

　そこで、本プログラムでは、教育課程、とりわけ自分たちの「授業」に引きつけて地域学校協働を考え、「自分事」として推進することができる教員の養成を目指している。もう少しいうと、それは学校の「本丸」ともいえる教育課程を地域学校協働によって地域社会に開くことで、学校だけでなく地域の活性化も志向する教員の養成である。そのためには、「多様な他者と協働する力」、岡山県の教員育成指標でいえば「つながる力」が不可欠であり、本プログラムを通して学生に身につけさせたい力として重点的に育んできた。実際、第2部

表　教師に求められる 6 つの資質・能力（今津，2012, p.64）

資質と能力	内容	外からの観察・評価	個別的・普遍的状況対応
能力 ↑↓ 資質	A 勤務校での問題解決と、課題達成の技能 B 教科指導・生徒指導の知識・技術 C 学級・学校マネジメントの知識・技術 D 子ども・保護者・同僚との対人関係力 E 授業観・子ども観・教育観の練磨 F 教職自己成長に向けた探究心	易 ↑↓ 難	個別的 ↑↓ 普遍的

　第 3 章（pp.170 ～ 177）でみた卒業研究も、彼女らが学部時代に培った「つながる力」を発揮して実践し、成果をまとめたものであり、彼女たちの成長がうかがわれる。

　この力に関連して、今津（2012）の指摘は示唆的である。彼は、**表**のように教師の資質・能力を、様々な力量が総合的に積み重なった、全体で 6 つの層から構成される総体として捉えている。表をみると、本プログラムが重視する「つながる力」に相当する「D. 対人関係力」が、外から観察・評価しやすい A ～ C といった「能力的な側面」と観察・評価しにくい D ～ F の「資質的な側面」の中間に位置し、両側面に関わる要の力として位置づけられている。さらに、「個業」としてではなく、多くの者が分担し合って組織的に働く、いわば「協業」としての教職が求められる現代の教師にとって、D の重要性が一層高まり、「A. 問題解決技能」を実現する際には D が不可欠になるとも指摘している。

　ところが、これまでの教員養成や現職研修では、総じて「B. 指導の知識・技術」と「C. マネジメントの知識・技術」に力点を置き、D をはじめとして E や F といった資質的な側面には重点を置いていなかったように思われる。

しかし、今津（2012）が指摘するように、D～Fが不十分だと、勤務校での個別問題状況を解決していくAの実践的な指導力を発揮できなかったり、教職経験年数の経過とともにBとCも衰退しやすくなるだろう。

　このように、D～Fは必要とされているにもかかわらず、外から観察・評価しづらく育みにくいため、脇に置かれがちな側面であったことは否定できない。だからこそ、本プログラムでは、あえてD～Fといった資質的な側面にスポットを当て、多様な他者との出会いやつながりを通して、変容しにくい側面を大学時代にじっくりと促すとともに、彼・彼女ら自身のDの力も育んでいけるように考えて意図的に取り組んできた。

2.「E. 授業観・子ども観・教育観」のアンラーニングの必要性

　これらの側面の変容や育成という点では、入学早々の1年次からの教育プログラムによる意図的な仕掛けや取組が肝心である。というのも、まさにローティ（Lortie, 1975）が「観察による徒弟制」と称したように、児童・生徒として学校で無数の授業を受ける過程や教師との対面的な関わりが、教職を目指す者に対して、入学時点から特別な影響を及ぼしているからである。もちろん、それには教職を目指す動機づけの点で、学校経験が志望形成の中核となるというプラスの影響も存在する。

　だが、「観察による徒弟制」は教員養成との関係で、マイナスの影響が大きいと捉えられている。たとえば、金井・楠見（2012）によると「教師は教師になる以前に、1万2,300時間以上の被教育経験を経ており、授業観が形成されている。しかし、それは学習者自身の視点で形成されているため、教師として授業を実践するうえで大きな壁となる」とされる。さらに、「一人の学習者からの視点では、教師の視点のみならず、ほかの学習者の視点もわからない。しかし、教員志望者は『観察による徒弟制』のために、授業について多くの視点を見落としているにもかかわらず、授業についてよく知っている状態に」なっている。つまり、彼らは入学時点から、教師の仕事について、すでに「わかったつもり」になっているのである（佐藤, 2015）。このように、「観察による徒

弟制」にはマイナス面が大きく、その影響も根強く残るため、変容を促すのは予想以上に難しいとされる。

　それゆえ、本プログラムでは、「学習者としての視点」から「教師としての視点」への転換を1年次の重要な目標として掲げて、「観察による徒弟制」を克服し、表でいうところの「E. 授業観・子ども観・教育観の練磨」を試みようとしている。ただ、練り磨くといっても「観察による徒弟制」によって、授業観・子ども観・教育観そのものが固定観念となっていて、悪影響を及ぼしていることも十分考えられる。そこで、錬磨の前段階として、自身の価値前提にまず疑問を呈し、既存の価値観や知識等が時代遅れになっていたり、妥当性を欠いたものになっていたりする場合には、それを積極的に捨て去り、より妥当性の高い新しいものに置き換える「アンラーニング（unlearning：学習棄却）」が必要になってくる（安藤, 2019）。このアンラーニングの重要性に鑑みて、本プログラムでは、学生同士でこれまでの学校経験や教育観等を吟味・議論し合い、互いの経験や信念に揺さぶりをかけて批判的な検証を促すような場や機会を積極的に設けている（太田, 2018）。

　ただし、彼・彼女らは同じ1年生で、出身は違えどもメンバーの同質性が高いため、アンラーニングの対象となる学校経験や教育観自体に疑問を持ちにくいだろう。だからこそ、1年次の「地域学校協働研究Ⅰ」や「地域学校協働フィールドワークA・B」で、自らの学校経験とは異なる事例に触れることを大切にし、多様な選択肢の経験と振り返りによって「観察による徒弟制」を克服するように工夫している。

3. 「シャドウイング実習」と「シンポジウム」の教育的意義

　別の見方をすると、「観察による徒弟制」については、本当の意味での徒弟制ではないとの指摘もある。すなわち、徒弟制といっても「実際に、生徒は教育行為の目標設定、事前準備や事後分析に関わることはないのであり、その過程を教師の実践的な枠組みでは把握」できていないとされる（太田, 2017）。

　とすれば、彼・彼女らが、教師の仕事の「表舞台」としてこれまでみて経験

してきた授業場面のみならず、授業の準備・事後の分析までを通した、いわば
「舞台裏」をしっかりと観察し、関わっていくことも重要になってくる。そこ
で、2年次の「地域学校協働アクティブスタディ」では、約1週間、ホームタ
ウンの実習校で教師がどのような仕事をしているかを舞台裏も含めて観察して
学ぶ、「シャドウイング実習」を取り入れている。実習校で教師の仕事を影の
ように張りついて学び、子どもの実態を捉えるという本当の意味での観察を通
して、学生の教師観を中心にした授業観・教育観の問い直しや練磨だけでなく、
3年次の「教育実習（主免実習）」に向けて、子どもの姿（児童観・生徒観）の
把握につながることも期待されている。

　このようにみると、本プログラムの1～2年次においては、多様な他者との
出会いやつながりを通して多角的な捉え方を学ぶ場や機会を意図的に提供する
ことによって、「E．授業観・子ども観・教育観」のアンラーニングを促し、
新たな価値観を再構成することに重点を置いていることがわかるだろう。そし
て、彼・彼女らの再構成された価値観をもとに、新たな教育実践を受容し、発
信するという点では、「シンポジウム」の存在も欠かせない。とくに、2年生
はこのシンポジウムにおいて、企画・運営の中心的な役割を果たすことになっ
ている。シンポジウムの詳細については、すでに第2部第3章でみたとおりで
あるが、シンポジウムで問題意識を持ってテーマを設定し、その解決に向けて
仲間とともに実施していくという学びは、まさに「課題解決型学習（PBL）」
に他ならない。つまり、シンポジウムを通した学びは、「社会に開かれた教育
課程」を実現するのに有効なPBLを推進する力を養う絶好の機会だといえよ
う。そして、なによりシンポジウムは、彼・彼女らの「探究心」に火をつける
ことにつながる。

4.　アンビバレントな葛藤を通した「F．探究心」の育成

　表の6層の根底にある「F．探究心」は、A～Eに常に新たな息吹を与える
エネルギーの源泉であると位置づけられ（今津，2012）、学び続ける存在である
ことが強く期待される教師にとって必要不可欠な資質・能力である。探究とは

「物事の意義や本質を探って見極めようとすること」であるため、探究心を育むには物事の本質を捉えることが大事になってくる。ただ、それは簡単なことではない。というのも、物事の本質は、相反する感情が同時に存在する「アンビバレント（ambivalent）な感情」の狭間にあり、本質を捉えるためにはそれに向き合う必要があるからだ（中村・鎌塚・竹内, 2022）。しかし、実際にアンビバレントな感情が起きてしまうと、その状態に耐えきれず逃げてしまったり、思考停止となってしまうケースも多いのである。

　たとえば、本プログラムに引きつけてみると、入学当初、学生たちは、自らが目指す教員像の設定とからめて、岡山県北地域で求められる教員の資質・能力はどのような特徴があるのだろうかと探っていく。ところが、検討を重ねていくうちに、そうした力は、県北だけでなく県南でも同じではないかと疑問を持ちはじめる。そして彼・彼女らの多くは、教員として求められる資質・能力はどこでも同じなのか、あるいはやはり岡山県北地域でこそより求められる大切な力があるのだろうかと、アンビバレントな感情を経験することになる。

　もうひとつ事例を紹介したい。教師の学びの基本は授業への「探究心」とされるため、それを育むには、3年次の教育実習や4年次の「教職実践演習」が重要になる。その教育実習の振り返りシートの中で、以下のような学生の記述が印象に残っている。

　「自分の考えた指導案どおりに行うことがいい授業ではないと学んだ」、「答えのない道徳なのに児童が私の考えていることを探しているように感じた」、「だからといって、教え込むことが必ずしも悪いともいえない」――これは、知識は教師が一方通行的に教えるものであるという「インストラクショニズム」をめぐって、まさにアンビバレントな感情が起きていると考えられる。

　しかし、これらのアンビバレントな感情が起きた時こそ、そこから逃げ出さずにそうした感情のループをとことん味わい、深く考えることが肝要といえる（中村・鎌塚・竹内, 2022）。つまり、アンビバレントな状態は物事の本質を捉えて探究心を育むチャンスだと捉えるべきなのである。

　そのため、本プログラムにおいては、第2部第2章の「地域教育専修3年次

194

教育実習に向けて」（p.145）において象徴的にみられるように、あえてアンビ
バレントな葛藤を誘発させるような「考えさせる問いかけ」をしたり、困って
いても「すぐに答えを出さない」ような支援を心がけている。もちろん、モヤ
モヤしたアンビバレントな感情から一刻も早く抜け出したいという学生たちの
気持ちもわからないわけではない。しかし、その一方で協創的な教員養成を担
う本プログラムの指導者間（学校・教育委員会・大学）では、学生たちがそうし
た感情の狭間での葛藤を経験し、深く考えることを通してそれを乗り越える中
で本質を捉えることを味わってこそ、彼・彼女らの探究心を育み成長につなが
るという理解が共有されつつある。だからこそ、そうした意図を持った働きか
けや支援が可能になっているのである。

5.「水平的学習」を重視した「岡山県北地域教育プログラム」

　本プログラムのコア・ビリーフと位置づけられた地域学校協働を推進するに
は、多様な他者と協働していく「つながる力」が必要であることはあらためて
いうまでもない。ただ、本プログラムが興味深いのは、教員養成や研修におい
てあまり顧みられてこなかった教育観や探究心といった資質的な側面にも光を
当て、それを他者とのつながりによって促して育成しようとする点にある。つ
まり、つながりの力を手段として活用しながら、その重要性を学生たちに理解
させて育もうとしているのである。

　ここまでに関して、エンゲストロームら（Engeström et al., 1995）の「垂直
的学習」と「水平的学習」という分析視点は示唆を与えてくれる。彼らによる
と、ある領域での長期経験に基づいて実践に関する有能さを段階的に獲得して
いく「熟達化」のプロセスを「垂直的学習」と位置づける一方で、他者との越
境（boundary crossing）的な関わりの中で、自分自身の相対化（異化）、視野の
拡大、新たなモノの見方の獲得などが進行するプロセスを「水平的学習」と呼
んで重視している（香川・青山, 2015）。この視点に従えば、まさに本プログラ
ムは、「垂直的学習」による熟達化を促進する学校現場や大学では発生しにく
い「水平的学習」を促していくのに有効なプログラムと捉えることができる。

ただし、本プログラムで学生が多様な他者や異質なコミュニティと出会いさ
えすれば、「水平的学習」が自然と促されるわけではないだろう。出会いを基
点としながらも、彼・彼女らのアタリマエに疑問を投げかけ揺さぶることでア
ンラーニングを促していく働きかけこそが重要になってくる。その中核な場や
機会となるのが、水曜7・8限に年間を通じて開講される「地域学校協働研究
Ⅰ・Ⅱ・Ⅲ（1〜3年次）」であることはいうまでもない。そこでの学びを中心
に本プログラムの学生は、まず**表**でいうところのD〜Fといった資質的な側
面を越境による「水平的学習」を通して自分自身を相対化し、アンラーニング
を行いながら、新たにふさわしい知識やスキルといった能力的な側面（A〜C）
を垂直的に学んで熟達化を図っていくことが求められる。すなわち、彼・彼女
らは、「垂直的学習」に位置づけられるような学校教育教員養成課程および養
護教諭養成課程の基本的なカリキュラムに乗りながら、「水平的学習」を重視
した4年間にわたる本プログラム独自の科目を並行して履修することになる。
ここに、本プログラムの大きな魅力と特色があるといえよう。

6. 「岡山県北地域教育プログラム」による架橋と持続可能な循環に向けて

　本プログラムで育まれ、県北で教員となった彼・彼女らが、今度は「つなが
る力」を発揮して地域学校協働活動が実践される学校と地域、さらには教員養
成の中心となった岡山大学とを架橋し、「社会に開かれた教育課程」の推進や
実現を目指していくことが肝心である。「学校推薦型選抜Ⅰ（大学入学共通テス
トを課さないもの）」として行われる本プログラムの募集人員は20人であり[1]、1
学年としてはたしかに少ないかもしれない。しかし、大学4年間でみれば合計
80人近くのプログラム生が在籍し、彼・彼女らが県北で教員となれば軽視でき
ない存在となる。それゆえ、本プログラムが解決を目指す岡山県北の子どもを
取り巻く諸課題には、同地域の教員不足の解決というミッションも含められて
おり、本プログラムを志望する生徒に対しても、「卒業後、岡山県北地域で学

1　募集人員20人の内訳は、教育学部の学校教育教員養成課程小学校教育専攻・中学校教育専攻が15人、養護教
諭養成課程が5人である。

校教員として教職に就き、学校及び地域社会に貢献しようとする強い意志を有する者」を重要な出願資格のひとつとして課しているのである[2]。

　このようなミッションを持って導入された本プログラムは、2021（令和3）年度に第1期生を輩出し、2022（令和4）年4月から多くの卒業生が県北で教壇に立っている[3]。したがって、本プログラムが架け橋となることで、第2部第1章で示された「教員養成地域循環システム」（p.137の図1-1）がようやく稼働しはじめたといえる。もちろん、ただ架橋するだけでなく、持続可能な循環システムとなるために様々な取組や工夫も行っている。具体的には、この図1-1にみられるように、将来の教員発掘と育成という点でも高大連携がますます重要となるため、本プログラムの学生と大学教員が、教員を目指す高校生の支援にも積極的に乗り出している。

　本プログラムの学生に対しては、これまでみてきたように在学中から地域学校協働に関する先駆的な取組や活動をみて触れて、そして実際に関わらせるように促している。たとえば、第1部のコラムで紹介した「ひとづくり・まちづくりフォーラム」（p.13）にも実行委員として本プログラム生が積極的に関わっている。岡山県内の地域学校協働活動関係者（地域学校協働活動推進員、地域コーディネーター、ボランティア、教職員など）や学校運営協議会委員、PTA、社会教育委員、まちづくり関係者、地域おこし協力隊、公民館職員、NPO関係者、行政担当者など、ひとづくりやまちづくりに興味のある方々との交流やつながりは、将来、彼・彼女らが県北の学校現場に定着し、「社会に開かれた教育課程」の実現に資する地域学校協働活動を推進する際に大きな力となってくれるはずである。また、岡山県教育委員会としても採用試験において「地域枠」を設定するだけでなく、小学校教員の採用候補者に対して「初任地希望」が出せる制度を導入してきている。県北のホームタウンで学んで採用試験に合

2　そのため、本プログラムの入学者は岡山県北地域の出身者に限ったものではない。実際、岡山県南地域の出身以外にも、これまでに埼玉県、長野県、静岡県、兵庫県、鳥取県、山口県、広島県、徳島県、愛媛県、福岡県、鹿児島県といった他県出身者も本プログラムで学んでいる。

3　現在、第1期の卒業生（17人）のうち、13人が教職に就き、4人が教職大学院に進学している。

格した学生が、そのホームタウンを初任地として希望を出せることで、まさに「ホームタウンで先生」になることが可能となり、持続可能な「教員養成地域循環システム」の構築に向けた後押しとなっている。さらに、卒業生の赴任先が本プログラム生のホームタウン実習校になることで、お互いにとって刺激となり、「育てる－育てられる」の好循環も生まれはじめている。

　最後に、そうした教員を育む循環システム（p.137の図1-1）を構築し、さらには学校づくりと地域づくりの持続可能な好循環をも促していくには、学校・教育委員会・大学が主体となり、ともに育てていく協創的な教員養成だけで完結するわけにはいかない。今度はそれと連動した協創的な教員"研修"の構築が求められてくる。そこで、本プログラムの第1期生が巣立った現在、学校・教育委員会・大学に彼・彼女らも加えた「協創的教員研修」の試みがはじまろうとしている。教師の養成・採用・研修を通じた一体的な改革に資する取組については稿をあらためて論じたい。

●引用・参考文献●

安藤史江（2019）．コア・テキスト 組織学習　新世社.

Engeström, Y., Engeström, R., & Kärkkäinen, M. (1995). Polycontextuality and boundary crossing in expert cognition: Learning and problem solving in complex work activities. *Learning and instruction, 5*, pp.319-336.

今津孝次郎（2012）．教師が育つ条件　岩波書店.

香川秀太・青山征彦編（2015）．越境する対話と学び──異質な人・組織・コミュニティをつなぐ──　新曜社.

金井壽宏・楠見　孝編（2012）．実践知　有斐閣.

熊谷愼之輔・志々田まなみ・佐々木保孝・天野かおり（2021）．地域学校協働のデザインとマネジメント──コミュニティ・スクールと地域学校協働本部による学びあい・育ちあい──　学文社.

Lortie, Dan C. (1975). *Schoolteacher: A Sociological Study*, The University of Chicago Press.

中村美智太郎・鎌塚優子・竹内伸一編（2022）．探究的な学び×ケースメソッド──教育イノベーターのための新しい授業チャレンジ──　学事出版.

太田拓紀（2017）．「観察による徒弟制」と教員養成における実践の問題，パイデイア：滋賀大学教育学部附属教育実践総合センター紀要 *25*（pp.93-99）.

太田拓紀（2018）．「観察による徒弟制」に基づく教員養学部生の類型分析−教職の社会化過程としての学校経験と教職観，パイデイア：滋賀大学教育学部附属教育実践総合センター紀要 *26*（pp.69-76）．

佐藤　学（2015）．専門家として教師を育てる──教師教育改革のグランドデザイン──　岩波書店．

おわりに

　十年一昔というが、岡山大学に赴任してはや20年が過ぎた。

　この間、地元岡山県に十分貢献できたとはいいがたいが、生涯学習の観点から地域と学校の連携・協働のあり方について地域や学校の方々とともに考え、実践を促してきた自負は少しばかりある。ただ、本県における地域学校協働の実践は他県に比べて決して見劣りするものではないのだが、アピール下手であまり知られておらず、他県の実践を見聞きするたびに、岡山の実践事例をもっと発信したいと常々考えていた。

　そうしたなか、本学で「岡山県北地域教育プログラム」が導入された。このプログラムは、編者がこれまで関わってきた地域学校協働の実践と、岡山大学の教員養成とをつなぐ「架け橋」になると直感した。そして、その架橋による「教育の循環」を促していけば、「社会に開かれた教育課程」の実現にも資するはずだと考え、本書を企画するにいたった。本書の「教育課程（カリキュラム・マネジメント）」・「地域学校協働（コミュニティ・スクール等）」・「教員養成」を横串に通しての考察が、地域学校協働、さらには教員養成に関わる人にとって少しでも参考になれば幸いである。

　最後に、こうした編者の企画に賛同して意欲的な論考を寄せてくださった各位に感謝するとともに、出版にご尽力いただいた福村出版の宮下基幸氏と川口晃太朗氏に深謝の意を表したい。

2022年11月

熊谷愼之輔

＊本研究はJSPS科研費 18K02280 の助成を受けたものである。

執筆者一覧 〈掲載順〉

熊谷愼之輔　岡山大学学術研究院教育学域
竹林京子　岡山県教育庁生涯学習課
田甫健一　岡山教育事務所生涯学習課（現：岡山県教育庁生涯学習課）
川上慎治　岡山県教育庁義務教育課（現：岡山県教育庁）
室 貴由輝　岡山県教育庁高校教育課高校魅力化推進室
田中光彦　岡山市教育委員会事務局学校教育部指導課
　　　　　（現：岡山市立岡山後楽館中学校）
信清亜希子　浅口市教育委員会学校教育課（現：吉備中央町立豊野小学校）
武村佳予子　久米南町教育委員会教育課
藤井 剛　井原市教育委員会生涯学習課 兼 学校教育課
安田隆人　浅口市立寄島小学校（現：高梁市教育委員会事務局社会教育課）
福原洋子　高梁市立高梁中学校（現：高梁市教育委員会事務局）
三上裕弘　新見市教育委員会生涯学習課
平井倫子　瀬戸内市立美和小学校（現：瀬戸内市立牛窓北小学校）
塩瀬香織　岡山市立高島公民館
　　　　　（現：岡山市教育委員会事務局生涯学習部生涯学習課公民館振興室）
中江 岳　高島小学校地域協働学校運営協議会
木下史子　岡山教育事務所生涯学習課
森年雅子　岡山県立真庭高等学校落合校地
坂 孝博　岡山県立誕生寺支援学校
三村由香里　岡山大学学術研究院教育学域
上村弘子　岡山大学学術研究院教育学域
棟方百熊　岡山大学学術研究院教育学域
服部康正　岡山大学学術研究院教育学域
原 祐一　岡山大学学術研究院教育学域
髙瀬 淳　岡山大学学術研究院教育学域

編著者

熊谷愼之輔（くまがい・しんのすけ）

岡山大学学術研究院教育学域 教授

専門：社会教育学・生涯学習論

主な著作：『社会教育経営の基礎』（共編著，学文社，2021）、『地域学校協働のデザインとマネジメント —— コミュニティ・スクールと地域学校協働本部による学びあい・育ちあい』（共著，学文社，2021）、『地域と協働する学校 —— 中学校の実践から読み解く思春期の子どもと地域の大人のかかわり』（共著，福村出版，2021）、『学校づくりとスクールミドル』（共著，学文社，2012）、『生涯学習社会の構築』（共著，福村出版，2007）など。

岡山発！　地域学校協働の実践と協創的教員養成
「社会に開かれた教育課程」の実現に向けて

2023 年 3 月 10 日　初版第 1 刷発行

編著者　　熊谷愼之輔
発行者　　宮下基幸
発行所　　福村出版株式会社
　　　　　〒 113-0034　東京都文京区湯島 2-14-11
　　　　　電話　03-5812-9702
　　　　　FAX　03-5812-9705
　　　　　https://www.fukumura.co.jp
装　幀　　花本浩一（株式会社麒麟三隻館）
印　刷　　株式会社文化カラー印刷
製　本　　協栄製本株式会社